ENSAIO SOBRE A FRAGILIDADE

Editora Appris Ltda.
1.ª Edição - Copyright© 2022 do autor
Direitos de Edição Reservados à Editora Appris Ltda.

Nenhuma parte desta obra poderá ser utilizada indevidamente, sem estar de acordo com a Lei nº 9.610/98. Se incorreções forem encontradas, serão de exclusiva responsabilidade de seus organizadores. Foi realizado o Depósito Legal na Fundação Biblioteca Nacional, de acordo com as Leis n.os 10.994, de 14/12/2004, e 12.192, de 14/01/2010.

Catalogação na Fonte
Elaborado por: Josefina A. S. Guedes
Bibliotecária CRB 9/870

```
A485e      Amaral, Jonas da Cruz
2022         Ensaio sobre a fragilidade / Jonas da Cruz Amaral.
             - 1. ed. – Curitiba : Appris, 2022.
               87 p. ; 21 cm.

             Inclui bibliografia.
             ISBN 978-65-250-3047-0

             1. Psicanálise. 2. Filosofia. 3. Ensaios. I. Título.

                                                    CDD – 150.195
```

Livro de acordo com a normalização técnica da ABNT

Editora e Livraria Appris Ltda.
Av. Manoel Ribas, 2265 – Mercês
Curitiba/PR – CEP: 80810-002
Tel. (41) 3156 - 4731
www.editoraappris.com.br

Printed in Brazil
Impresso no Brasil

Jonas da Cruz Amaral

ENSAIO SOBRE A FRAGILIDADE

FICHA TÉCNICA

EDITORIAL	Augusto V. de A. Coelho
	Marli Caetano
	Sara C. de Andrade Coelho
COMITÊ EDITORIAL	Andréa Barbosa Gouveia (UFPR)
	Jacques de Lima Ferreira (UP)
	Marilda Aparecida Behrens (PUCPR)
	Ana El Achkar (UNIVERSO/RJ)
	Conrado Moreira Mendes (PUC-MG)
	Eliete Correia dos Santos (UEPB)
	Fabiano Santos (UERJ/IESP)
	Francinete Fernandes de Sousa (UEPB)
	Francisco Carlos Duarte (PUCPR)
	Francisco de Assis (Fiam-Faam, SP, Brasil)
	Juliana Reichert Assunção Tonelli (UEL)
	Maria Aparecida Barbosa (USP)
	Maria Helena Zamora (PUC-Rio)
	Maria Margarida de Andrade (Umack)
	Roque Ismael da Costa Güllich (UFFS)
	Toni Reis (UFPR)
	Valdomiro de Oliveira (UFPR)
	Valério Brusamolin (IFPR)
SUPERVISOR DA PRODUÇÃO	Renata Cristina Lopes Miccelli
ASSESSORIA EDITORIAL	Renata Cristina Lopes Miccelli
REVISÃO	Cristiana Leal
PRODUÇÃO EDITORIAL	Raquel Fuchs
DIAGRAMAÇÃO	Bruno Ferreira Nascimento
REVISÃO DE PROVA	Renata Cristina Lopes Miccelli
CAPA	Sheila Alves
COMUNICAÇÃO	Carlos Eduardo Pereira
	Karla Pipolo Olegário
	Kananda Maria Costa Ferreira
	Cristiane Santos Gomes
LANÇAMENTOS E EVENTOS	Sara B. Santos Ribeiro Alves
LIVRARIAS	Estevão Misael
	Mateus Mariano Bandeira
GERÊNCIA DE FINANÇAS	Selma Maria Fernandes do Valle

AGRADECIMENTOS

Muitas subjetividades foram importantes nesta caminhada. Deixo aqui registrados os meus sinceros agradecimentos às seguintes pessoas: aos meus pais, Antônio Maurício e Elizabete; aos meus avós Sebastião e Marly; à Rute Otero; à professora Adriana Macedo Vargas, à professora Lívia Alves e ao professor Farley.

É de si evidente que a fé num suprassentido — quer o entendamos como conceito-limite quer, em termos religiosos, como Providência — tem uma imensa importância psicoterápica e psico-higiênica. Esta fé é criadora. Como fé pura que brota duma força interior, torna o homem mais forte. Para um crente assim, não há, em última instância, nada sem sentido.

*(Viktor Frankl, **Psicoterapia e Sentido da Vida**)*

Os vendedores expulsos do templo — *Então Jesus entrou no Templo e expulsou todos os vendedores e compradores que lá estavam. Virou as mesas dos cambistas e as cadeiras dos que vendiam pombas. E disse-lhes: "Está escrito: Minha casa será chamada casa de oração. Vós, porém, fazeis dela um covil de ladrões!" Aproximaram-se dele, no Templo, cegos e coxos, e ele os curou. Os chefes dos sacerdotes e os escribas, vendo os prodígios que fizera e as crianças que exclamavam no Templo "Hosana ao filho de Davi!", ficaram indignados e lhe disseram: "Estás ouvindo o que estão a dizer?" Jesus respondeu: "Sim. Nunca leste que:*

'Da boca dos pequeninos e das criancinhas de peito

preparaste um louvor para ti?'"

Em seguida, deixando-os, saiu da cidade e dirigiu-se para Betânia. E ali pernoitou.

(Evangelho de Mateus: 21: 12-17)

PREFÁCIO

A religião é entendida, na teoria freudiana, como uma invenção humana destinada a suprir um desamparo existencial que, mesmo após a infância, persiste na vida adulta. Com isso, ela procura "[...] mitigar nosso temor dos perigos da vida" com a imaginação do suposto "[...] governo benevolente de uma Providência divina"; e procura ainda ser uma "resposta aos enigmas que tentam a curiosidade do homem". Enfim, representa um "alívio enorme para a psique humana" (FREUD, 1927, p. 107). Além disso, a ideia de Deus, para a psicanálise freudiana, seria um protótipo infantil da imagem do Pai. O paralelo entre o desamparo infantil diante do Pai e o desamparo do homem crescido diante da Natureza hostil é a base do raciocínio de Freud:

> Já uma vez antes, nos encontramos em semelhante estado de desamparo: como crianças de tenra idade, em relação a nossos pais. Tínhamos razão para temê--los, especialmente nosso pai; contudo, estávamos certos de sua proteção contra os perigos que conhecíamos. (FREUD, 1927/1997, p. 28-29)

Na vida adulta, reexperimentamos o desamparo e a fragilidade da primeira infância diante da colossal e esmagadora maquinaria dos cosmos, de modo que esperamos de um Deus-Pai proteção e consolo. Ao mesmo tempo, "[...] transformamos as forças da natureza [...] lhes concedendo o caráter de um pai", ou seja, "[...] transformando-as em deuses" (FREUD, 1927, p. 98).

As perspectivas trazidas por esta obra podem ser consideradas bem mais amplas e completas do que muitas outras publicadas sobre o assunto, tendo em vista que a dupla formação do autor (Filosofia e Psicanálise) tem o objetivo de enriquecer suas pesquisas e o diálogo a ser travado com o leitor, analisando teóricos de ambas abordagens a fim de se discutir uma temática de extrema importância para a psique humana. O autor nos oferece nestas páginas, por meio de uma escrita impecável, uma dimensão sobre marcos teóricos, históricos e técnicos pertinentes aos dois universos. Por essas razões, é com orgulho e grata satisfação que apresento e recomendo a presente obra, que está muito bem dividida e estruturada em seus capítulos.

Prof.ª Lívia Alves

Especialista em Psicologia da Saúde. Psicóloga e psicanalista com pós-graduação em Psicanálise Teoria e Cultura (CES/JF). Professora e coordenadora pedagógica do curso de Formação em Psicanálise da Sociedade Brasileira de Psicanálise e Evolução Existencial (SBPE Juiz de Fora e Barbacena). Atuante na área clínica e educacional, com experiência na área social e com grupos de mulheres. Estudos e linhas de pesquisa/abordagem na teoria freudiana.

NOTA DO AUTOR

Toda pesquisa é pessoal, e este estudo não poderia ser diferente. Há sempre temas que atravessam um autor, e a fragilidade do ser humano (para ser mais sincero, a minha própria fragilidade) é um desses temas. Foi diante da minha ansiedade patológica e da depressão (hoje, superadas) que percebi o quanto sou frágil, o quanto todo ser humano é frágil perante a natureza, perante a tudo o que está fora dele. Frágil diante de um universo interno desconhecido. E isso não é ruim. O primeiro passo para a cura, seja do que for, é reconhecer a nossa fragilidade.

Ser frágil não é ser fraco, longe disso. Ser frágil é ser humano, é reconhecer que não podemos controlar tudo, que não precisamos controlar o mundo externo. Ser frágil significa que, em alguns momentos da nossa vida, vamos nos quebrar. Não somos frágeis por acaso, existe um sentido, prefiro acreditar assim.

Se hoje estou aqui, é porque aprendi a lidar com a minha fragilidade. Saí do fundo do poço, houve momentos em que achei que não fosse conseguir. Se não fosse pela psicoterapia (psicanalítica, no meu caso) e por me apegar a uma força maior (Deus), estaria no fundo do poço até agora. A fé é importante, e os questionamentos, também. Tanto a fé quanto os questionamentos não se anulam. A fé. Os questionamentos. Foi o que me salvou.

Acredito em Deus, mas tenho uma profunda simpatia pelos ateus, quero deixar registrado aqui. Gosto de ouvir quem pensa diferente de mim. Não apenas em questões religiosas. Não sinto a necessidade de convencer ninguém, o encontro com Deus deve ser pessoal, e gosto de acreditar que esse encontro acontecerá na hora certa, sem forçar a barra. Gosto dos ateus, porque, em certo momento da minha vida, o mais turbulento, já questionei a existência de Deus.

Padre Zezinho, no refrão de sua belíssima *Cantiga Por Um Ateu*, que pode ser encontrada no álbum *Ecumenismo em Canção*, nos mostra que não somos donos da verdade e que, às vezes, aquela pessoa que faz perguntas, que se questiona sobre Deus, é muito mais honesta do que eu, que tenho fé. Refletindo sobre a canção citada, podemos chegar a algumas conclusões. Na verdade, várias. Vou expor duas: não somos donos da verdade, porque ela nunca se manifestará, devido ao seu mistério, por inteira; podemos dizer que nunca vamos, por meio do pensamento lógico, saber tudo o que podemos saber sobre Deus, porque a verdade nasce do (e no) seio da fé.

Se me perguntarem por qual razão eu acredito em Deus, digo sem pestanejar: não acredito em Deus pelo que está escrito nas Escrituras. Por sua perfeição, acredito. Deus não se limita ao que está escrito sobre Ele. Sim, os evangelhos me mostraram uma face de Deus, Jesus Cristo, o Deus encarnado. Acredito em Deus por que eu O vi? Não, eu também não vi Deus. Sei que Ele existe porque sinto a Sua presença. E nada mais. Para mim, isso basta. A minha fragilidade só me permite entender isso. O resto são palavras vazias soltas ao vento.

Jonas da Cruz Amaral

13 de maio de 2022

07 de junho de 2022

SUMÁRIO

INTRODUÇÃO 17

CAPÍTULO 1
PENSANDO A PARTIR DE FREUD 27

CAPÍTULO 2
PENSANDO A PARTIR DE NIETZSCHE 51

CAPÍTULO 3
A RELIGIOSIDADE E A PSICOTERAPIA 67

CAPÍTULO 4
FRAGILIDADE E SENTIDO 73

REFERÊNCIAS 85

INTRODUÇÃO

Dentro da Psicanálise e da Filosofia, existe uma infinidade de temas que pode ser abordada. A Psicanálise, não importa qual linha seja seguida pelo psicoterapeuta, não se reduz a uma técnica para o tratamento de transtornos psíquicos, ela também é uma filosofia, em meu modo de enxergar, pois apresenta uma visão de mundo bem fundamentada. Toda construção teórica, nós sabemos, por mais bem fundamentada que seja, está sujeita a críticas, sejam elas positivas ou negativas.

Um tema relevante dentro da Psicanálise e da Filosofia é, sem dúvidas, a religião e Deus e, por consequência, a fragilidade do ser humano. Neste trabalho olharemos a religião e Deus pela ótica da Psicanálise e da Filosofia. Tanto Deus como a religião são temas instigantes e merecem toda a nossa atenção, pois, por meio deles, conseguimos compreender a visão de mundo do paciente e sua psique. Muitos pacientes se orientam no mundo — se adoecem e se curam — por meio da religião. Só esse motivo já seria suficiente para não desprezarmos a religião dentro do consultório. Só assim, compreendendo a sua visão de mundo, é que podemos ajudar o paciente a refletir acerca de suas neuroses.

Devido à importância do tema, inúmeros pensadores de peso na história do pensamento debruçaram-se sobre ele. Será descrito aqui, brevemente, o pensamento de Sigmund Freud (1856-1939), o pai da Psicanálise, e de Friedrich Nietzsche (1844-1900), o filósofo conhecido na Filosofia por filosofar com o martelo. Ambos têm uma visão semelhante acerca do tema que é apresentado neste estudo. Após essa exposição, dedicaremos um capítulo para tratar da relação entre a religiosidade e a psicoterapia psicanalítica.

Mostra-se evidente que todo psicanalista deve ter a teoria psicanalítica em mãos e recorrer a ela como uma ferramenta de trabalho. No entanto o psicanalista não pode ficar preso a ela, encaixar o paciente dentro desta ou daquela teoria. O sujeito está acima de qualquer construção, pois ele é o construtor. O psicanalista, além da literatura psicanalítica, deve olhar para outras coisas, para o mundo e — por que não? — para a ficção literária.

Nenhum ser humano é igual ao outro, somos únicos. Isso não é novidade. Portanto, dentro do consultório, o psicanalista deve ter em mente que ali, em sua frente, está um ser humano; um ser repleto de crenças e valores que, de forma alguma, podem ser destruídos. Dois desses valores, que estão interligados entre si, são: Deus e a religião, sendo essa última o elo que religa o ser humano ao Absoluto. Alguns valores vão precisar ser desconstruídos, ou reformulados, por afetarem a saúde psíquica do paciente, mas esse, a princípio, não é o caso de Deus e da religião.

E aqui vem a pergunta que vamos responder: mesmo a religião sendo uma ilusão — se assim for considerada pelo psicanalista —, como afirma Freud, nós, investigadores do Inconsciente, devemos mostrar ao paciente que ela pode ser uma saída para livrá-lo do seu sentimento de impotência e de desamparo?

Isto é claro: o ser humano é impotente e desamparado. O ser humano é desamparado na vida, pois não pode ficar inerte diante de sua responsabilidade. Negar a responsabilidade é um grave atentado contra a nossa liberdade, entendida aqui à maneira de Sartre, como autonomia de escolha. É impotente, pois, no fundo, sabemos que o ser humano não pode transferir sua responsabilidade para outro. Ele até transfere, mas, se pensa um pouco, percebe que tal atitude não é honesta.

Qual a relevância da religião e de Deus aos olhos da Psicanálise? Espíritos nobres na história do pensamento refletiram sobre a religião e, por consequência, sobre Deus. O próprio Freud fez, com maestria, tal reflexão. A religião está presente na vida de todo ser humano, inclusive daquele que diz não ser religioso. Em alguma coisa, esse sujeito que não acredita em Deus crê. Ele tem outro ou outros valores absolutos. Existe outra coisa a ser levada em conta: muitos ateus convivem com pessoas religiosas. Um psicanalista que acredita em Deus pode ter em seu consultório um paciente ateu. O contrário também acontece. Se a religião é ou não uma ilusão, isso é outra história, pouco importa, para falar a verdade. Ela continua e continuará sendo basilar dentro de cada homem, de cada mulher, dentro de uma sociedade. Em outras palavras, ela está presente no mundo.

Freud, assim como Nietzsche e outros pensadores, fez ataques severos à religião; bateu nela sem piedade. Lendo seus escritos, é possível perceber isso com facilidade. Nietzsche, principalmente, destila todo o seu veneno em Deus e na religião, sobretudo na religião cristã. Porém esse ataque de Nietzsche a Deus não é muito bem compreendido. O significado da famosa frase de Nietzsche — "Deus morreu!" —, que é acusado injustamente de matar Deus, como se tal crime fosse possível, não é tão difícil assim de ser entendido, como veremos no decorrer deste ensaio.

Sabe-se que o século XIX e o princípio do século XX são o ponto alto do pensamento ateu, no qual Deus, como explicação para todos os fenômenos da natureza e humanos, vai perdendo seu espaço para a Ciência. O homem, assim penso, acreditou que estava, com todos os seus conhecimentos científicos e filosóficos, superando a sua fragilidade. Que saiam os sacerdotes e entrem os cientistas e os filósofos! Aposto que era o pensamento de muitos homens — os "esclarecidos" — dessa época. É como se voltássemos à origem da Filosofia, da sua ruptura com os mitos gregos. É nesse período, sobretudo em solo europeu, curiosamente que Nietzsche proferiu, no famoso parágrafo 125 de *A Gaia Ciência*, a morte de Deus. A religião passa a ser vista com desconfiança e desdém por muitos pensadores que olham para ela. Não precisamos mais de Deus, agora temos outros meios para explicar os fenômenos naturais, externos, e os fenômenos internos.

É nesse momento que as explicações, que antes eram fornecidas pelos religiosos, passam para as mãos dos cientistas e dos filósofos.

A religião apresenta-se como um elemento fundamental em uma sociedade, visto que, em muitos casos, ela freia os instintos agressivos do homem. Como desprezar algo que tem o poder — metafísico ou não — de acorrentar a agressividade humana? Conter a agressividade do homem é um poder magnífico! Não há como negar que somos agressivos e que, ao menos em pensamento, desejamos o mal de algumas pessoas. Sim, somos agressivos por natureza, e mentir quanto a isso não nos levará a lugar algum. Quem nunca desejou o mal de alguém que atire a primeira pedra! O próprio Freud percebeu nossa agressividade, como veremos adiante. Muitas pessoas não são capazes de criar seus próprios valores — veremos isso à medida que o trabalho for avançando, no capítulo dedicado a Nietzsche —, por isso há a necessidade de um Deus, de uma religião para guiar suas condutas. Porém isso não pode ser uma coisa imposta; o ser humano precisa encontrar Deus em seu Inconsciente — veremos isso com mais calma ao falarmos de Viktor Frankl (1905-1997), que, embora não seja um psicanalista, contribuiu muito para a psicoterapia.

Para chegar a uma conclusão, primeiro é preciso expor o pensamento dos autores citados, no que se refere a Deus e a religião. Sem isso, não se pode chegar a uma resposta. No final, é possível tanto concordar com eles ou não.

Devido à fragilidade que assola o ser humano, a religião e a crença em Deus são temas delicados de serem estudados — por qualquer área de conhecimento, é preciso reconhecer isso —, pois mexem diretamente com a fé das pessoas. A Ciência não pode provar a existência ou a não existência de Deus, pois Ele é um Ser que não se mostra — é possível sentir, segundo um amigo de Freud, como veremos ao longo desse trabalho —, mas esse não se mostrar não é um argumento para a Sua inexistência. Aqueles que acreditam em Deus conseguem enxergá-lo em uma simples flor no jardim. Não podemos dizer que estão errados.

Provar que alguma coisa não existe, seja o que for, é muito difícil. Caso a pessoa se proponha a isso, terá um árduo — e por vezes, inútil — trabalho. O homem não conhece nem a si mesmo direito. A Teoria do Inconsciente, de Freud, mostra-nos isso com clareza. Como o homem pode afirmar com tanta certeza que Deus não existe? A mesma coisa vale para aquele que afirma com a mesma certeza que Deus existe. Deus existe? Deus é uma invenção humana para suprir carências? Essas respostas não podem ser dadas nem pela Filosofia, nem pela Ciência, nem pela Psicanálise. Não com segurança. No entanto podemos refletir acerca dessas perguntas e das inúmeras respostas que surgem com elas. O que está em jogo aqui não é a existência ou não de Deus, mas como a crença em um ser absoluto pode contribuir no tratamento psicanalítico, levando o ser humano a enfrentar sua fragilidade. O que existe, dentro desses três saberes citados, são hipóteses. Isso porque a crença em Deus é uma questão de fé, e essa é subjetiva por natureza. A fé de que Deus existe ou a fé de que Ele não existe. Olhando por esse ângulo, podemos dizer que os ateus também têm uma fé.

Sigmund Freud e Friedrich Nietzsche vão dizer praticamente a mesma coisa: o ser humano é religioso devido a uma carência que existe nele. Toda carência, assim podemos entender, nasce de uma ausência. Aqui nós esbarramos na falta. Crer em Deus — não importa o credo religioso —, em minha visão, é uma maneira de preencher essa falta. Contudo, ainda assim, o ser humano continua frágil. Isso porque está pleno de Deus, mas não assumiu seus desejos, não assumiu nenhuma responsabilidade perante os seus desejos, ultrajando, dessa maneira, a sua liberdade.

O filósofo brasileiro Luiz Felipe Pondé, em sua obra *Filosofia Para Corajosos*, no capítulo seis, intitulado "Religião e Espiritualidade", escreve algo que é difícil de ser refutado e interessante trazer para a nossa reflexão.

Todo ser humano é carente porque é mortal, limitado, assustado e frágil, psicológica e fisicamente. Quando Freud e Nietzsche (também Marx) falam da carência do homem, eles estão falando de uma carência cognitiva, isto é, uma falta de conhecimento. Ao se deparar com a finitude e com o fracasso iminente da vida que assalta todo homem e toda mulher, em algum momento da existência, o religioso ou a religiosa é aquele ou aquela que não suporta a dureza da vida e busca auxílio, isto é, vai ao encontro de um amparo (PONDÉ, 2016, p. 63).

A vida é realmente dura, somos bombardeados, o tempo todo, em todos os lugares. Não temos sossego. Ficamos ansiosos, depressivos, somos tomados pela angústia e pela falta. Somos tomados pela angústia quando não sabemos exatamente o que nos falta. Dito de outra maneira: quando não conseguimos vislumbrar o nosso desejo. Tememos o futuro e ficamos remoendo o passado. Muitas vezes, o temor do futuro e a ruminação do passado acometem o ser humano concomitantemente. Falo disso por experiência própria. Diante disso, não há nenhum problema em buscar esse auxílio, essa bengala metafísica. A vida é mesmo cruel, é só olharmos para a história, para as atrocidades que os homens foram capazes de cometer uns com os outros. E não só para o passado, basta olharmos para as atrocidades do presente. A religião, entendida aqui como algo que religa o ser humano a Deus, e não apenas uma instituição, pode ser descoberta pelo paciente em suas sessões de psicoterapia.

Um homem diz que é ateu, coloca a Razão acima do Bem e do Mal — mesmo sabendo que ela não dá conta de explicar tudo —, afirma com convicção que Deus não existe, não acredita em nenhum valor absoluto, e alguns desses homens pretendem convencer os outros de que Deus não existe. Muitos dizem não acreditar em absolutamente nada, o que acho uma grande mentira, pois é impossível não crer em nada. Geralmente, esse homem, questionador e, muitas vezes, demolidor por natureza, se diz culto, inteligente. E, no meio de tanta inteligência, muitas fragilidades, e uma coleção de fracassos emocionais. Esse mesmo homem zomba de quem crê em Deus, fala que aqueles que acreditam em Deus têm mentes infantis. É preciso deixar registrado aqui que nem todos os ateus são assim, só os mais chatos. Esse ateu que assumiu a missão de converter para o seu ateísmo quem acredita em Deus e tem uma religião ainda não atingiu a maioridade intelectual, sua razão ainda está deitada no berço. No entanto esse homem substitui Deus por outros valores absolutos, pois é impossível viver sem eles. Somos, religiosos e ateus, frágeis e desamparados; precisamos de muletas.

Cito aqui Pondé, para ilustrar o que acabei de dizer:

> Essa ideia de que ser religioso implica alguma forma de carência cognitiva é comum entre pessoas que se julgam mais cultas. Tenho dúvidas de que isso seja uma verdade evidente. A maioria das pessoas que conheço que não acreditam em Deus, acredita em bobagens como alimentação balanceada, espíritos indígenas, ciência, história, política ou em si mesmas. Pessoalmente, julgo a crença em si mesmo a mais brega e ridícula de todas. (PONDÉ, 2016, p. 63-64).

Ao rejeitar Deus e a religião, como fizeram Freud e Nietzsche, e, por exemplo, acreditar na Ciência, conforme Pondé nos mostra, o ser humano está apenas trocando de figurinha. É uma troca, nada mais do que isso. Quando o sujeito rejeita um valor absoluto, sempre acaba substituindo-o por outros, é um fato inevitável. É o que Pondé nos diz de forma clara e muito didática.

Somos frágeis, pois carecemos de valores absolutos para viver e, quando nos apegamos a um valor absoluto, Deus, por exemplo, não conseguimos nos apegar inteiramente. Por esse motivo, o ser humano nunca deixará de ser frágil. O homem não suporta o peso da responsabilidade. Sim, nós temos de ser responsáveis, mas, às vezes, para o bem da nossa saúde mental, nós devemos acreditar em Deus. Ou no Acaso, isso não importa. A crença em um ser Absoluto tem o poder de acalmar os corações frágeis e as mentes que estão, o tempo todo, vivendo em função do passado ou do futuro.

Seria uma grande irresponsabilidade por parte dos profissionais da área da saúde mental afirmar que a religião, a crença em Deus, não ajuda o ser humano a passar pelas tempestades da vida, a encontrar saída em suas crises existenciais. Isso pode ser observado. Em outras palavras, a religião e Deus ajudam o ser humano a encontrar um sentido, entendido aqui como propósito para a existência. E esse sentido deveria ser enxergado mais pela lente do amor do que pela lente do medo. Sem uma ligação com Deus (Mistério), homens e mulheres ficam vulneráveis, pois são como taças de cristal, frágeis. Uma hora quebram. Os conflitos internos só existem porque as fragilidades também existem; fazem parte de nossa constituição enquanto pessoa.

Por que o ser humano é frágil? Porque não é completo. Ele só pode encontrar esse algo que lhe falta em Deus. Por não ser palpável, Deus, não pode ser estudado cientificamente, não dá para provar a sua existência fazendo uso da razão, como fez o filósofo francês, René Descartes. No entanto pode-se sentir a Sua presença, daí a sensação de plenitude.

Somos seres da falta, é o que afirma a Psicanálise. Nós não temos a capacidade de sermos completos, de atingirmos a plenitude. Como nunca estamos satisfeitos com nada, ficamos, o tempo todo, desejando. O desejo é realizado, e o objeto que o realiza desmorona diante do efeito do enfado. O ser humano moderno se refugia do mal-estar falado por Freud, criando utopias que sustentam um paraíso no qual ninguém experimentará esse mal-estar freudiano, negando, assim, a falta, declarando-a irreal (PONDÉ, 2019, p. 89).

A fragilidade que assola o ser humano está intimamente ligada à falta. O que falta ao homem? Repare, caro leitor, cara leitora, nós nunca temos tudo o que queremos, sempre está faltando alguma coisa para que nossa vida fique completa. Um amor, o reconhecimento em sua área profissional, um corpo bonito (que a sociedade estipulou como sendo o padrão), mais tempo com as pessoas que amamos, saúde, dinheiro sobrando na conta bancária... aqui a lista é imensa. Uma resposta plausível para essa pergunta (o que nos falta?): por mais que o homem se esforce, ele nunca atingirá a perfeição, dado que esse atributo, por definição, só pertence a Deus.

O ser humano pode alcançar centelhas da plenitude na Arte, na Filosofia, ou em qualquer outra coisa, mas no fundo é Deus que busca. Sendo imperfeito, o homem anseia a perfeição. O ser humano quer suprimir a falta que o angustia. E ele tem direito a isso. O artista só se dedica à Arte — o filósofo a Filosofia, e aqui podemos colocar inúmeras outras atividades — porque se sente incompleto e frágil. Se o homem é completo, não há a necessidade da busca. Se o ser humano está completo, a vida fica estagnada, pois ele já não precisa de mais nada. Se está completo, então pode morrer; enquanto há incompletude, enquanto há falta, há vida, há desejo. E, se não há desejo, se não existe busca, o ser humano já está mais do que enterrado, porque o homem morre quando deixa de desejar.

É incontestável que a felicidade é o maior desejo do ser humano; ele faz de tudo para buscá-la. Se é o dinheiro, ele não sossega até consegui-lo; mas, ao conseguir, percebe que ainda continua infeliz; se é o amor, não descansa até encontrá-lo, porém, ao encontrá-lo, descobre que ainda está faltando algo, sua alma está vazia.

É preciso ressaltar algo que já foi dito inúmeras vezes. Nem sempre quem vai ao consultório de um psicanalista — ou de qualquer outro profissional da saúde mental —, sofre de algum transtorno psicológico. Outro fato que pode ser comprovado empiricamente: muitas pessoas buscam auxílio porque estão buscando a si mesmas e sentem a necessidade de alguém para ajudá-las a trilhar o caminho, a mergulhar em seu Inconsciente e encontrar-se. E o autoconhecimento é a melhor maneira de trilhar esse caminho interior. Como um escritor, dificilmente, consegue revisar seus próprios textos, pois já está imerso na história, contar com a ajuda de um psicoterapeuta, nesse processo do autoconhecimento, é de grande valia para descobrir as nossas fragilidades e enfrentá-las de peito aberto.

O ser humano religioso — aquele que carrega uma fé em algo superior, em um Ser criador de todas as coisas, que tem como principal mandamento o amor — consegue sair com mais facilidade das patologias psíquicas pelas quais são acometidos e das crises existenciais tão comuns aos seres humanos sensíveis. Com a religião, fica mais fácil enfrentar o tratamento, e a sua busca é feita com mais serenidade. Ele consegue entender, quando mergulha em si mesmo, e, inevitavelmente, encontra o Mistério, que a sua existência tem um propósito. Costumo dizer que um homem só pode falar por si mesmo, o que me leva a fazer um breve relato pessoal. Desde que me conheço por gente sempre fui atormentado pela ansiedade patológica e pela depressão. Foi por meio da psicoterapia — sim, os psicoterapeutas também fazem análise —, quando estava vivendo meus mais duros momentos de fragilidade que encontrei Deus e consegui sair do fundo do poço. Lógico, não posso tirar o meu mérito, pois para sair da escuridão foi preciso vestir minha armadura e entrar a luta.

Se você que está me lendo agora, está passando por uma crise existencial, sofrendo com a ansiedade patológica, com a depressão, ou está sendo atormentado por qualquer outra coisa, saiba que só pessoas sensíveis, com a percepção aguçada, passam por isso. Levantar questionamentos, seja sobre o que for, é o primeiro passo para a cura.

Nós estamos na era da informação. Não apenas da informação, que nos ataca de todos os lados, sem piedade, em uma velocidade absurda, mas do excesso dela. As redes sociais, fábricas da ilusão, que nos apresentam um mundo perfeito, repleto de filtros, minam a mente de qualquer um de nós, quando tomadas como parâmetro da realidade. Esquecemos que quem está por trás da tela é um personagem, e não a pessoa real. E isso é prejudicial para a nossa saúde mental. É perigoso. Aliás, os excessos nunca são saudáveis. Eles não nos permitem tempo para parar e refletir acerca do que nos é apresentado pelo mundo ou pelos livros. Muita informação impede de mergulharmos em nosso Inconsciente e descobrirmos o que realmente nos importa; o que dá sentido à nossa vida. Abarrotados de informações, muitas delas inúteis — para determinada pessoa, o que é inútil para mim, pode não ser para você —, olhamos ansiosamente para o futuro. E o ansioso patológico sempre olha para o futuro com medo, pensamentos catastróficos permeiam sua cabeça, eles tiram seu sono, sua paz. Assim, vão morrendo aos poucos, adoecendo a mente, deixando de desfrutar a única coisa que importa: o momento, esse instante que não mais voltará.

CAPÍTULO 1

PENSANDO A PARTIR DE FREUD

Para Rizzuto (2006), Sigmund Freud, quando escreveu sobre a religião, a relação do pai com o Pai — Deus —, deixou ao leitor a difícil tarefa de explorar a linha mestra mais ampla de seu pensamento. Nesse sentido, podemos dizer que Freud abriu mão da sistematização. O pai da Psicanálise deu, em sua obra, ênfase à religião, às origens psicológicas de Deus.

O pai simboliza, para a criança, a proteção. Até aqui não há grande dificuldade. Quando está ao lado do pai, ou daquela pessoa que representa a figura paterna, a criança pensa que nada de mal pode lhe acontecer e, se por acaso algo acontecer, ela pode confiar em seu pai, seu grande herói, pois ele fará de tudo para protegê-la. É o mesmo processo com quem crê em Deus. À medida que vamos crescendo, descobrimos que quem está ali exercendo a função de nos proteger (o nosso pai de carne e osso) é tão frágil quanto nós e nos deparamos com o desamparo.

Crer em Deus, em um ser superior, que está além de nossas limitações e fragilidades, oferece o conforto da proteção, de que não estamos sozinhos diante do mal que nos assola. Crer, em minha visão, nada mais é do que sentir a presença. Um exemplo: creio no amor da mulher que amo, mesmo que ela jamais manifeste esse amor por meio de palavras. Creio nesse amor porque me sinto inebriado e inundado por sua presença. Mesmo que ela se encontre longe.

Contudo existem aquelas pessoas que não acreditam em Deus, que não sentem a Sua presença. Mesmo essas pessoas, por serem frágeis — pois sofrem dos mesmos males dos que acreditam em Deus —, desejam proteção.

O ser frágil busca, inconscientemente, amparo. E, quando o ser humano encontra essa proteção, os fardos pesados da vida começam a ficar mais leves. Eles sempre vão existir, porém se tornam suportáveis. Esse amparo, muitas vezes, não vem de Deus, mas da Arte. Porém aqui eu afirmo: o que é a Arte a não ser uma das faces de Deus! O homem necessita de Deus, pois só o Criador pode dar às suas criaturas a sensação plena de proteção.

Sigmund Freud, em uma de suas obras mais importantes, *O Futuro de Uma Ilusão*, texto que enviou a um grande amigo, Romain Rolland, e que tem outro grande amigo como interlocutor imaginário, faz uma tentativa, muito bem-sucedida, por sinal, de avaliar e refletir acerca da gênese da necessidade, quase avassaladora, que alguns homens e algumas mulheres têm de ter uma crença religiosa, de acreditar em Deus para nortear suas existências, guiar seus caminhos, suprir suas faltas e acalmar suas fragilidades emocionais e físicas. Falar que o homem que busca Deus é frágil, no sentido pejorativo do termo, não é uma afirmação muito honesta, pois todos nós somos, até mesmo os ateus. A questão é como essa fragilidade é enfrentada.

Vejo muitas pessoas sofrerem por jogarem todas as suas responsabilidades e escolhas para Deus, eximindo-se de escolher e assumir, de peito aberto, as consequências de suas decisões. Isso é perigoso também!

Se Freud sentiu essa necessidade, de dar um olhar mais atento à religião, é porque ela tem relevância dentro da Psicanálise; do contrário, teria sido deixada de lado. Ancorar-se em um Ser para guiar nossos caminhos, para nos proteger. Isso torna mais clara a fragilidade do ser humano, pois, querendo ou não, todos somos seres dependentes de algo maior do que nós. Essa história da autossuficiência é conversa para boi dormir. É evidente de que precisamos de algo para nos orientar, uma força, seja ela metafísica ou não. Freud, com seu olhar atento, debruça-se sobre uma questão de suma importância, tanto para sua época como para a nossa e para as que virão, pois a religião pode inibir alguns instintos naturais do ser humano. Um exemplo de instinto natural fácil de se verificar é a agressividade, que poderia causar a ruína da civilização e, consequentemente, do próprio ser humano.

Por que os homens, depois de tantos avanços da civilização, com a Ciência cada vez explicando mais coisas, prolongando a vida, descobrindo a cura para inúmeras doenças, ainda continuam apostando toda a sua fé em Deus? Uma pessoa tem 33 mil seguidores no Instagram e, em sua fragilidade, sente-se só, sente que está vivendo uma existência sem sentido, puramente artificial.

Uma pergunta, no mínimo intrigante, pois o ser humano, mesmo sabendo que não é verdade, acredita que ele pode — e deve — controlar o mundo externo. O homem já está visando a colonizar outros planetas! Por que muitos seres humanos não se satisfazem com as explicações fornecidas pela Ciência? O que está faltando? Por que muitos continuam se angustiando? A Ciência pode explicar todas as coisas? Sabemos que não. Não é preciso refletir muito para chegar a essa conclusão. Por que o homem tem tanta dificuldade em aceitar o inexplicável? Por que os homens ainda necessitam de Deus? Como manifestação da cultura e de fé pessoal, subjetiva, como fenômeno da singularidade de cada ser, aquela fé que nasce das profundezas de nossa alma, Freud não ataca o fenômeno religioso. Freud não julga a minha ou a sua experiência religiosa. Ele, inclusive, mostra-se polido em sua crítica, quando comparada à de Nietzsche, que é demolidora e não quer deixar pedra sobre pedra. Contudo, enquanto maneira de conhecimento do mundo, conforme nos mostra Renata Udler Cromberg, no prefácio da edição de *O Futuro de Uma Ilusão*, consultada para a confecção dessa pesquisa, Freud trabalha, sem medir esforços, para desconstruí-la, pois considera a religião a origem da alienação, um fenômeno criado pela fértil imaginação humana.

Difícil, do meu ponto de vista, discordar do pai da Psicanálise aqui, a religião se revela como uma criação do homem. O ser humano pode criar religiões e mais religiões, nunca Deus. A religião, quando distorcida, pode impedir o homem de correr atrás dos seus desejos, que é o que a Psicanálise mais preza. Como Freud, em sua obra, não distingue civilização de cultura, eu não faço distinção entre religião e religiosidade. Para mim, esses dois termos estão interligados e significam: tudo aquilo que religa o ser humano a Deus.

Um dos objetivos deste ensaio não é defender cientificamente a existência de Deus, nem o contrário, dizer que Ele não existe. Essas afirmações não cabem nem ao psicanalista, nem ao filósofo, nem aos cientistas, pois é algo metafísico, que está para além da matéria, algo do qual não podemos saber. Podemos sentir, e isso é tudo. Se provarem a existência de Deus um dia, muitos não vão acreditar. E, por outro lado, se provarem que Deus não existe, muitos continuarão acreditando. A verdadeira fé — tanto para o bem quanto para o mal — não se importa muito com provas.

Dentro do consultório, mesmo que professe uma fé, a neutralidade do psicanalista mostra-se importante. O psicanalista não está ali, sentado em sua poltrona no consultório, muitas vezes com as pernas cruzadas, para converter ninguém a nada. O psicanalista não é um evangelizador. A teoria psicanalítica acerca da religião e a crença particular do psicanalista não devem influenciar a análise. O paciente deve ser incentivado — e, às vezes cutucado — pelo psicanalista a construir sua própria visão de mundo.

É por meio do funcionamento da vida psíquica do sujeito — não há outro modo mais lógico e esperado para um psicanalista iniciar a sua investigação — que Freud refletirá sobre a origem do sentimento religioso, sentimento esse que muitos de nós experimentamos, seja nas igrejas lotadas, seja no silêncio dos nossos corações. Acredito que esse sentimento está adormecido dentro de cada pessoa, mas ele só pode ser reacendido se ela desejar. Algumas pessoas, por meio da religião, são curadas. Outras, por sua vez, adoecem. Aqui fica evidente mais uma coisa: tudo na vida é questão da dosagem certa. Um mesmo remédio pode curar uma pessoa ou pode levá-la para a cova.

O ser humano, assim é visto, ao longo das páginas de *O Futuro de Uma Ilusão*, entrega-se à religião por mera necessidade, devido à sua fragilidade, palavra já mencionada anteriormente e, se a repito tanto assim é porque quero frisar, mostrar o quanto o ser humano está preso em sua fragilidade. Se não fossemos frágeis, nós não precisaríamos de Deus, nem de nenhum valor absoluto. No entanto alguém pode refutar isso, com certa facilidade. Dentro do consultório — e fora dele também —, é possível enxergar mulheres e homens frágeis que, em momento algum de suas vidas, entregam-se à religião e a Deus. São senhores e senhoras de suas vidas. E, se enfrentando a vida dessa maneira não há sofrimento psíquico, não há nenhum problema nesse modo de enxergar o mundo.

Para Freud, como veremos ao decorrer desse capítulo, a religião tem sua origem em fatos bem concretos, em fatos bem visíveis a olho nu, que podemos verificar sem nenhuma dificuldade, como o desamparo do ser humano, que constrói um Deus para protegê-lo contra tudo aquilo que não depende dele, isto é, tudo aquilo que vem desse assombroso mundo externo, tudo aquilo que ele enxerga como uma ameaça, que está fora de seu controle: como sabemos, não somos eternos, e, como se não bastasse a morte, nós temos que conviver com a assombrosa ideia de finitude, e isso, muitas vezes, é a causa de nossas angústias; nosso corpo é frágil, está sujeito a diversas doenças e, por último, à morte consumada, que acaba com todos os nossos projetos, que coloca um véu negro diante do nosso futuro. O Reino dos Céus pode até existir, para aqueles que acreditam, mas, penso que a vida terrena é única, só temos uma chance. Daí nasce a angústia. Mesmo que exista o Reino dos Céus, não consigo vislumbrar a ideia de um depois. Em resumo: acredito que não vou me reencarnar. Só tenho uma vida terrena para viver e, se me angustio, é porque, muitas vezes, não estou vivendo como gostaria.

É avassalador pensar que a morte, realmente, pode ser o fim, que tudo pode acabar com o último suspiro. Enfim, o nosso mundo é — resumido em uma palavra — cruel.

Para Freud, a religião procura impor a seus adeptos um modelo de felicidade, desvalorizando a vida terrena, como nós também veremos no capítulo dedicado a Nietzsche. Freud e Nietzsche davam um valor absurdo à vida terrena, desprezando o outro lado do ser humano, o espiritual, que é valorizado pelo neuropsiquiatra Viktor Frankl, pai da Logoterapia, que chegou a se comunicar com Freud e foi incentivado por esse a continuar escrevendo suas ideias. Aqui a palavra "espiritual" pode ser entendida como aquilo que liga o homem com Deus, e não como "razão". Esse pode ter sido o grande erro cometido por Freud e por Nietzsche. Não podemos deixar de ressaltar que são duas mentes brilhantes, no entanto tal "erro" — aqui entre aspas porque não significa que seja, de fato, um erro — não compromete em nada a teoria desenvolvida por ambos.

A cultura — civilização — precisa ser protegida, literalmente preservada, do ser humano. Sim, protegida, pois o ser humano pode destilar todo o seu veneno contra ela. As instituições, principalmente, colocam-se a serviço para defender a civilização contra os indivíduos (FREUD, 2018, p. 29).

É notório, como disse Thomas Hobbes, em sua obra *Leviatã*, e como Freud repetiu, em *O Futuro de Uma Ilusão* e em *O Mal-estar na Civilização*, que o homem é mau por natureza. É aquela máxima que nem é de Hobbes, mas que ganhou popularidade em seu livro citado: "O homem é lobo do homem".

Sabe-se — aqueles que possuem um pouco de contato com a Psicanálise — que a civilização exige que o ser humano renuncie seus impulsos e seus desejos. Garanto que você, assim como eu, já se viu obrigado a renunciar alguns de seus desejos. E o preço dessa renúncia, nós sabemos, é absurdamente caro, faz o homem sangrar. Você já sangrou por não realizar um desejo seu? Pois é, caro leitor e cara leitora, eu já. Quando um desejo é reprimido, nós adoecemos. Porém seria um absoluto caos se pudéssemos realizar todos os nossos impulsos e desejos. Seria desastroso não só para nós mas também para a humanidade. É essa renúncia, imposta pela civilização, que permite ao homem viver em comunidade e, também, o que o adoece. Para elucidar essa questão, Freud dá um exemplo interessantíssimo e de fácil assimilação, inclusive para aquele que pouco ou quase nada entende de Psicanálise:

> Caso imaginemos suas proibições abolidas, alguém pode, então, escolher para objeto sexual qualquer mulher que lhe agrade; pode matar seu rival na disputa por mulheres, ou quem mais estiver em seu caminho, sem o menor escrúpulo; pode, também, tomar qualquer bem do outro sem lhe pedir permissão — que maravilha, que cadeia de satisfações não seria então a vida! Na verdade, logo surge a primeira dificuldade. Qualquer outro tem exatamente os mesmos desejos que eu, e não me tratará com mais consideração do que eu o trato. Dessa forma, apenas um indivíduo, no fundo, poderia se tornar irrestritamente feliz através de tal abolição das restrições culturais: um tirano, um ditador que tivesse se apossado de todos os meios de poder, e mesmo ele teria todas as razões para desejar que os outros respeitassem pelo menos um dos mandamentos da cultura: "Não matarás". (FREUD, 2018, p. 40)

Quem conhece um pouco da filosofia de Thomas Hobbes e teve algum contato com sua obra *Leviatã*, publicada, pela primeira vez, em 1651, apesar de ser uma obra de cunho político, percebe que sua essência se encaixa perfeitamente aqui. O homem, segundo Hobbes, é mau por natureza; se não existir uma lei para freá-lo, ele é capaz de cometer atrocidades. Para Hobbes, essa lei é representada pelo Estado totalitário e, para Freud, a lei é, em um primeiro momento, o pai, ou aquele que exerce a função paterna. E depois quem nos impõe da sua lei é a Civilização.

Suportar esse estado de natureza, suportar toda essa crueldade inerente ao ser humano, é algo extremamente difícil de ser feito, pois a natureza não nos exige nenhuma restrição dos impulsos, muito pelo contrário. A natureza não prende nossos impulsos, ela os quer livres. É isso justamente que ela quer, com toda a sua força: que cedamos aos nossos impulsos mais inconscientes. A natureza deixa a pessoa fazer tudo aquilo que quer, porém ela tem uma maneira bastante peculiar de nos restringir, ela é desumana, cruel e não tem por nós nenhuma consideração (FREUD, 2018, p. 40).

Chega a ser amargo, mas não podemos negar que a natureza é, como bem disse Freud, cruel e desumana; perto dela o ser humano não é nada, é uma gota no fundo do oceano, um grão de areia no deserto. Isso, muitas vezes, é o que leva o sujeito ao consultório de um psicanalista. O ser humano não consegue lidar com a sua impotência, seja diante da depressão, seja diante da ansiedade, tão comuns na sociedade contemporânea, devido ao acúmulo de informações que nos atropelam, seja em qualquer outra patologia. Somos seres impotentes. E é um dever ético, sobretudo humano, do psicanalista ajudar quem o procurou, em seu consultório, a lidar com suas fragilidades emocionais. Para usar uma linguagem psicanalítica, não só ajudá-lo em sua fragilidade e sentimento de desesperança, diante da impotência, mas também guiá-lo no caminho para que encontre e persiga o seu desejo.

Provavelmente — não podemos afirmar, por isso o uso da palavra "provavelmente" — Freud tenha lido Thomas Hobbes. Freud diz que, por causa dos perigos com que a natureza nos ameaça diariamente, nós criamos a Cultura. Hobbes, um dos filósofos contratualistas, do qual acabamos de falar, diz, mais ou menos, a mesma coisa, colocando o Estado no lugar da Cultura.

Entendo que uma psicoterapia, para lidar com as fragilidades, deve, em primeiro lugar, estar voltada para o desejo e para o sentido. Sem que o paciente reconheça seu desejo e encontre nele um sentido, o psicanalista pode fazer muito pouco. O desejo antecede o sentido, pois esse último só pode existir diante de um movimento que pretenda ultrapassar a falta, uma das faces da fragilidade.

Segundo o filósofo inglês, devido à natureza do homem, nada afável, entregue ao egoísmo, existe um acordo entre os homens, dando origem ao Estado. Aprende-se isso em qualquer aula de Filosofia Política. Sem o poder do Estado, os homens não pensam duas vezes, entram em guerra. Sem o Estado, os homens se destruiriam automaticamente. O Estado de Hobbes assemelha-se à tarefa capital da Civilização, que existe para nos defender da natureza. Da natureza humana e da própria natureza.

Os deuses — aqui nós ainda estamos no politeísmo — têm uma tripla tarefa. Quais são elas? Primeira: afastar os pavores da natureza; segunda: reconciliar-nos com a crueldade do destino, que é o mesmo para todos nós, a morte, esta que nos é inevitável; terceira: recompensar os homens pelos sofrimentos — que passaram ao peregrinarem pela Terra — por ter suportado as privações que a convivência que a civilização lhes impõe (FREUD, 2018, p. 43).

Percebe-se que boa parte de tudo o que o ser humano deseja é proteção. A Filosofia é uma preparação para a morte, já diria Sócrates. O homem busca Deus com esse intuito, de reconciliar-se com o seu destino que, como bem observa Freud, é a morte.

Continuando a leitura de *O Futuro de Uma Ilusão*, acompanhando o raciocínio de Freud, vemos que os deuses são os donos da natureza, criaram-na e abandonaram-na à própria sorte. É como aquela história que diz: Deus criou o mundo e se retirou em férias eternas. Às vezes, afirma Freud, talvez em tom de ironia, Deus faz milagres para afirmar que não renunciou em nada o seu poder.

Freud afirma que nós não vamos converter a implacável força da natureza em outros seres humanos. Adotando um modelo infantil, transformamos em deuses tudo aquilo que escapa ao nosso controle, tudo aquilo que foge ao nosso entendimento, ou dribla a nossa razão. Aqui o ser humano já começa a perceber que não possui o controle dos eventos que acontecem, ao seu redor e em sua vida, deixando as portas abertas para a ansiedade patológica, o eterno estado de alerta ligado. Com o passar do tempo, a força da natureza perde todos os seus traços humanos, elevam-se aos traços divinos. O frágil busca pelo forte, busca por proteção. No entanto continuamos desamparados. Mais uma vez: o ser humano, no auge de sua angústia, quer quem o proteja. E só clama por proteção porque, antes de tudo, é frágil e encontra as mais variadas dificuldades, internas e externas, para suportar os sofrimentos que vão surgindo durante a sua dura existência. Diante desse abandono, Freud vai nos mostrar, apetecemos pelo pai.

Aqui é preciso citar Freud diretamente:

> Cria-se assim um patrimônio de ideias, nascido da necessidade de tornar suportável o desamparo humano e construído com o material de lembranças relativas ao desamparo da própria infância e da infância do gênero humano. É claramente reconhecível que esse patrimônio protege os homens em dois sentidos: dos perigos da natureza e do destino, e dos danos causados pela própria sociedade humana. Exposto coerentemente, esse patrimônio diz: a vida neste mundo serve a um fim mais elevado, que, é verdade, não é fácil de adivinhar, mas que certamente significa um aperfeiçoamento do ser humano. [...]. Todo o bem acaba por receber sua recompensa, todo mal, sua punição — se isso não acontece já nesta forma de vida, acontecerá nas existências posteriores que começam após a morte. (FREUD, 2018, p. 44-45).

Em nossa cultura, todos os deuses das épocas passadas resumiram-se em um único ser divino, Deus, o Criador de todas as coisas, visíveis e invisíveis. Com extremo orgulho desse progresso, o primeiro povo a condensar em um único Ser inúmeras qualidades divinas deixou à mostra o núcleo paterno que estava camuflado por trás de cada figura divina, desde sempre, ou melhor, desde os primórdios. Sendo Deus um só, nossas relações com Ele lembram a intensa relação infantil com o nosso pai (FREUD, 2018, p. 46).

Em outras palavras, ao apetecer pelo pai, apetecemos pela proteção e pela lei. A proteção e a lei nos privam da liberdade — o conceito sartreano de liberdade, entendida como autonomia de escolha — e nos salva da angústia, pois ficamos isentos, em nossa cabeça, da responsabilidade por nossas escolhas.

É difícil, para alguns homens, acreditar que eles podem suportar a vida. E mais: que podem ser donos de suas próprias vidas; por esse simples motivo, recorrem a Deus, para ampará-los. Necessitamos de Deus, como já foi dito, para nos defender da implacável natureza. Aqui podemos falar também de uma natureza interna que, muitas vezes, é mais avassaladora do que a externa. O que importa aqui, eu penso, não é o fato de Deus realmente nos defender da natureza, mas acreditar que Ele vai nos defender. A fé é o que dá conforto ao homem. E não existe nenhum problema nisso. O que importa é a visão que nós temos, desde que essa não coloque em risco a nossa vida, nem a vida do outro.

> Somou-se a isso um segundo motivo, o ímpeto de corrigir as imperfeições da cultura, sentidas como algo penoso. Também é especialmente acertado afirmar que a cultura presenteia o indivíduo com tais ideias, pois ele as encontra, elas lhe são entregues acabadas e ele não seria capaz de achá-las sozinho. Ele toma posse da herança de muitas gerações, da qual se apropria como da tabuada, da geometria etc. (FREUD, 2018, p. 47).

Não é unânime, mas praticamente todas as religiões falam que o homem tem um destino a ser cumprido. De acordo com Freud (2018), esse desamparo é incômodo, pois, quanto à distribuição dos destinos, nada podemos fazer; somos impotentes. Não existe remédio para nos curar. Estamos abandonados. É nesse ponto que os deuses falham. Sim, os deuses fracassam, eles falham. Se os deuses fizeram o destino, é necessário nomear suas determinações de incompreensíveis.

O pai da Psicanálise, com seu amplo conhecimento da mitologia grega, fala das *moiras*, as três irmãs tecelãs que, na mitologia grega, determinavam o destino. Essas irmãs estão acima dos deuses, pois elas tecem o destino deles. Se existe um destino para os deuses, pode-se chegar a essa conclusão: eles não são assim tão diferentes dos seres humanos e, talvez, nem sejam deuses.

Sigmund Freud, no capítulo quatro de *O Futuro de Uma Ilusão*, imagina um adversário, que acompanha, com certa desconfiança, as suas explicações. Freud chega a ouvi-lo dizer que soa estranho ele, Freud (2018), escrever "[...] a cultura cria essas ideias religiosas" e "[...] a cultura as coloca à disposição de seus membros". E o pai da Psicanálise se defende:

> Penso, porém, que é legítimo usar tais expressões. Procurei mostrar que as ideias religiosas resultaram

> da mesma necessidade que todas as demais conquistas da cultura, da necessidade de se defender da prepotência opressora da natureza. Somou-se a isso um segundo motivo, o ímpeto de corrigir as imperfeições da cultura, sentidas como algo penoso. Também é especialmente acertado afirmar que a cultura presenteia o indivíduo com tais ideias, pois ele as encontra, elas lhe são entregues acabadas e ele não seria capaz de achá-las sozinho. Ele toma posse da herança de muitas gerações, da qual se apropria como da tabuada, da geometria etc. Há, todavia, uma diferença, mas esta se encontra em outro ponto e por enquanto ainda não pode ser esclarecida. O sentimento de estranheza que o senhor menciona pode estar relacionado com o fato de que costumam nos apresentar esse patrimônio de ideias religiosas como sendo uma revelação divina. Só que essa mesma revelação já é uma parte do sistema religioso e negligencia inteiramente o conhecido desenvolvimento histórico dessas ideias, bem como suas diferenças em diferentes épocas e culturas. (FREUD, 2018, p. 47-48)

Nessa passagem, Freud deixa claro que as ideias religiosas foram consequência da mesma necessidade que todas as demais conquistas da cultura, que pode ser lida civilização, isto é, tudo aquilo que afasta o homem de sua vida animal, todo saber que o homem adquiriu para dominar a natureza. As ideias religiosas, assim como todas as demais aquisições da cultura, surgem da necessidade que o ser humano tem de se defender de todo o despotismo opressor da natureza.

Freud (2018) nega que as ideias religiosas sejam produto de uma revelação divina; ele é categórico nesse ponto, nega que as ideias religiosas nos foi dada por Deus. Para ele, tal revelação já faz parte do sistema religioso e o homem atrelado a ela negligencia por completo o desenvolvimento histórico de tais ideias e as suas diferenças em épocas e culturas distintas.

É no início do capítulo cinco de *O Futuro de Uma Ilusão* que Freud pergunta-se qual o significado psicológico das ideias religiosas. Ele reconhece que a pergunta que pretende responder não é fácil.

Cito Freud:

> Depois de rejeitar diversas formulações, nos deteremos nesta: as ideias religiosas são proposições, são enunciados acerca de fatos e circunstâncias da realidade externa (ou interna) que comunicam algo que o indivíduo não encontrou por conta própria, e que reivindicam que se creia nelas. Visto que informam sobre aquilo que mais nos importa e mais nos interessa na vida, elas gozam de alta consideração. Quem delas nada sabe é deveras ignorante; quem as incorporou aos seus conhecimentos pode se considerar muito enriquecido. (FREUD, 2018, p. 52)

Sabemos da capacidade argumentativa de Freud e, para provar que a religião é uma ilusão, ele não agiria de forma diferente.

No momento em que nos perguntamos sobre o fundamento da pretensão de se acreditar na religião, nas proposições impostas por ideias religiosas, aparecem diante de nós três respostas. Todas essas respostas em completa desarmonia entre si, todas embaralhadas. Primeira resposta: nossos ancestrais já acreditavam nelas; segunda: possuímos provas que nos foram transmitidas precisamente dessa época remota; terceira: é absolutamente proibido questionar essa comprovação (FREUD, 2018, p. 53).

Sigmund Freud é preciso ao rebater a primeira resposta. Para ele nossos antepassados eram muito mais ignorantes que os homens de sua época. Porém não podemos colocar tudo na conta da ignorância, existia também, como bem observou Freud, o medo que algumas pessoas, um pouco mais "esclarecidas", em sua visão, tinham de expor seus pensamentos, que caminhavam na contramão daqueles que seguiam as ideias religiosas. O ataque de Freud é ainda mais forte quando ele diz que nossos ancestrais acreditavam em coisas que, em sua época, mostravam-se impossíveis de aceitar. Freud usa o martelo de Nietzsche e bate mais pesado, dessa vez criticando as provas deixadas por nossos antepassados. Segundo nosso autor, os escritos deixados por nossos antepassados não são dignos de confiança.

Nessa passagem ele fala dos registros deixados por nossos ancestrais:

> São contraditórios, retocados e falsificados; quando relatam comprovações efetivas, eles próprios carecem de comprovação. Não ajuda muito afirmar que suas formulações, ou apenas seus conteúdos, têm origem na revelação divina, pois essa afirmação mesma já é uma parte daquelas doutrinas cuja credibilidade deve ser investigada, e nenhuma proposição pode provar a si mesma. (FREUD, 2018, p. 54)

O filho de Amalia Nathansohn rechaça a ideia de que nosso patrimônio cultural, tudo o que a Civilização introduziu em nossas vidas — a religião aqui é um exemplo —, que poderia ter dado ao ser humano o maior dos significados da vida, esclarecendo-nos as esfinges do mundo, atuando sobre os sofrimentos inerentes a vida de cada um de nós, porque essas ideias são dotadas da mais anêmica comprovação. E Freud está certo. Mas quando se trata da fé, podemos dizer ao velho amigo Freud, a comprovação é a última coisa da qual precisamos, pois, aquele que realmente tem fé, enxerga com os olhos da alma. Freud aponta, e aqui seu argumento ganha mais força, que, até mesmo entre nossos antepassados — que receberam de seus ancestrais tal herança —, existiam aqueles que nutriam as mesmas dúvidas do homem moderno acerca do tema discutido, as mesmas dúvidas que ele, Freud, carregava em seu espírito científico e investigativo. Então, por qual motivo, eles não as expressaram? Por que ficaram calados?

Freud explica:

> É possível que muitos deles tenham nutrido as mesmas dúvidas que nós, porém se encontravam sob uma pressão forte demais para que ousassem expressá-las. E, desde então, um número incontável de homens se atormentou com as mesmas dúvidas, que queriam sufocar porque se julgavam obrigados a crer; muitos intelectos brilhantes sucumbiram a

> esse conflito; muitos caracteres sofreram danos em razão dos compromissos em que buscavam uma saída. (FREUD, 2018, p. 55)

Sigmund Freud prossegue com sua explanação. Ele volta os olhos para o presente, em busca de pistas. De acordo com Freud (2018), é natural voltar-se para o momento atual para ver se esse pode oferecer as provas que foram apresentadas no passado em favor da confiabilidade das proposições religiosas.

O autor é taxativo ao afirmar que as aparições e manifestações de espíritos que os espíritas dizem sentir (ver) não passam de produtos de sua própria atividade psíquica e que eles não conseguem refutar esse fato.

Aqui é possível fazer apenas uma pergunta que, propositalmente, ficará em aberto: como podemos afirmar que os espíritos que alguém diz ver são apenas produtos da sua atividade psíquica? Acerca de assuntos metafísicos, não podemos provar nada cientificamente, já falamos sobre isso ao longo deste trabalho. A Ciência avançou muito, sabe-se de muita coisa, no entanto não pode dizer nada sobre Deus e espíritos, pois não podem colocá-los à prova. E, se algo aparentemente não existe, não podemos apressadamente sair anunciando a sua não existência.

Freud (2018) apresenta duas provas que dão credibilidade às doutrinas religiosas. A primeira é o "Creio porque é absurdo" — segundo a nota do tradutor, Renato Zwick, esta expressão é atribuída a um teólogo romano, Tertuliano —, proferido pelo padre da Igreja. No final do capítulo cinco, Freud vai dizer que, para provar as conjecturas religiosas, os religiosos falam que devemos perceber a verdade da religião interiormente, nós não precisamos, em nenhum momento, compreendê-las. É isso que significa *crer porque é absurdo*. Devemos crer, pois não somos capazes de compreender. Freud se pergunta se ele é obrigado a acreditar em qualquer absurdo e completa dizendo que não existe nada acima da Razão. Aqui, podemos perceber, a Razão vai se tornando um valor absoluto, e a argumentação de Freud para derrubar a religião vai ganhando, cada vez mais, força. Os religiosos afirmam, diz o pai da Psicanálise, que a veracidade das doutrinas religiosas depende de uma vivência interior que as ateste. Para Freud tal vivência é rara, e ele pergunta o que fazer com as pessoas que não têm tal vivência.

Aqui é necessário citar Freud diretamente:

> Pode-se exigir de todos os homens que empreguem o dom da razão que possuem, mas não se pode erigir uma obrigação que seja válida para todos sobre um motivo que existe apenas para bem poucos. Se alguém obteve a convicção inabalável na verdade real das doutrinas religiosas graças a um estado extático que o impressionou profundamente, que importa isso ao outro? (FREUD, 2018, p. 56)

Segundo Freud (2018), ainda seguindo tal raciocínio, a filosofia do "como se" assevera que, em nossa atividade intelectual, abundam suposições cuja deficiência de fundamento nós somos capazes de reconhecer. Por motivos meramente práticos, temos de nos comportar "como se" acreditássemos em tais suposições, mesmo sabendo que elas não passam de ficção. Isso porque as doutrinas religiosas possuem uma incomparável importância para a conservação da civilização, da sociedade humana.

É no capítulo seis que vem a famosa frase de Freud, que diz que a religião é uma ilusão. Por que ele afirma que a religião é uma ilusão? Ilusão não significa erro, o próprio Freud faz questão de deixar isso claro.

O autor (FREUD, 2018) escreve que a origem psíquica das ideias religiosas, essas que se mostram como hipóteses, não são produtos da experiência ou resultados finais do pensamento, mas ilusões, isto é, são realizações dos desejos mais remotos, mais fortes e mais prementes da humanidade.

> Já sabemos que a apavorante impressão do desamparo infantil despertou a necessidade de proteção — proteção através do amor —, que é satisfeita pelo

> pai; a percepção da continuidade desse desamparo ao longo de toda a vida foi a causa de o homem se aferrar à existência de um outro pai — só que agora mais poderoso. Através da ação bondosa da Providência divina, o medo dos perigos da vida é atenuado; a instituição de uma ordem moral universal assegura o cumprimento da exigência de justiça que com tanta frequência deixou de ser cumprida na cultura humana; o prolongamento da existência terrena através de uma vida futura prepara o quadro espacial e temporal em que essas realizações de desejo devem se consumar. (FREUD, 2018, p. 58)

Freud (2018) vai dizer que é peculiar da ilusão o fato de resultar de desejos humanos. A ilusão não precisa ser necessariamente falsa, ela não precisa estar em contradição com a realidade. Uma plebeia, ainda moça, pode ter a ilusão de que um príncipe, a qualquer momento, vai buscá-la, já até aconteceram alguns casos desse tipo. Outro exemplo diz respeito aos alquimistas, que têm a ilusão de poderem transformar toda espécie de metal em ouro.

> O desejo de possuir muito ouro, tanto ouro quanto possível, se encontra muito arrefecido por nossa compreensão atual das condições de riqueza, mas a química não julga mais impossível uma transformação dos metais em ouro. Portanto, chamamos uma crença de ilusão quando se destaca em sua motivação o cumprimento de desejo, ao mesmo tempo em que não levamos em conta seu vínculo com a realidade, exatamente do mesmo modo que a própria ilusão renuncia a suas comprovações. (FREUD, 2018, p. 59-60)

De acordo com Freud (2018), que é categórico mais uma vez, as doutrinas religiosas são ilusões. Elas são indemonstráveis, e ninguém pode ser obrigado a acreditar nelas, a tomá-las como verdade. Não é possível julgar o valor de realidade da maior parte das ideias religiosas. Como não podemos demonstrar as ideias religiosas, também não podemos refutá-las.

Freud é intelectualmente mais humilde — por isso, em minha opinião, mais filósofo — do que Nietzsche. Na concepção do pai da Psicanálise, o ser humano ainda sabe muito pouco para se aproximar das ideias religiosas criticamente.

O adversário imaginário de Freud ataca-o. Ele diz que a nossa civilização está erguida sobre a religião. A conservação da sociedade humana depende dela, o homem precisa acreditar nas doutrinas religiosas, de que existe um Deus e uma vida futura. Sem esse ordenamento divino do mundo, Freud escuta seu adversário dizer, os homens se sentirão livres para não mais obedecer aos preceitos da civilização. Sem Deus, cairíamos novamente no caos, o homem satisfaria seus impulsos egoístas. O adversário imaginado por Freud diz que, mesmo se a gente pudesse provar que a religião não tem a verdade, o melhor a fazer é ficar quieto, visando à conservação da espécie humana. Esse rival vai alertando Freud para as consequências de destruir a religião. Segundo ele, muitas pessoas encontram o único consolo de suas vidas na religião. E só amparados pelas ideias religiosas podem suportar a vida. A ciência, por mais avançada que esteja, não basta ao homem; a fria ciência nunca vai satisfazer todas as necessidades do homem (FREUD, 2018, p. 64).

Freud já imaginava as críticas que receberia ao publicar *O Futuro de Uma Ilusão*, naquela altura do campeonato, já havia recebido inúmeras críticas negativas. Por esse motivo, ele criou esse personagem, que se encarrega de rebater a todo o momento.

A tese de Freud é esta, ele deixa claro:

> [...] conservar a atual relação com a religião significa um perigo maior para a cultura do que dar-lhe um fim. Mal sei, no entanto, por onde devo começar minha réplica.
>
> Talvez com a asseveração de que eu próprio considero minha empresa inteiramente inócua e inofensiva. Desta vez, a sobrevalorização do intelecto não está do meu lado. Se os homens são conforme meus adversários os descrevem — e não posso contradizer

> isso —, então não há perigo algum de que um devoto, vencido pelos meus argumentos, se deixe privar de sua fé. (FREUD, 2018, p. 64-65)

Após essa passagem, Freud (2018) diz que não está afirmando nada de novo, ele reconhece que não há originalidade em seu pensamento em relação à religião. Outros homens falaram melhor do que ele, falaram de maneira mais completa, enérgica e impressiva. Ele próprio reconhece isso. Freud escreve que a única coisa nova acrescentada por ele foi a fundamentação psicológica à crítica feita por seus predecessores. Nosso autor tem certeza que seu texto não fará as pessoas perderem a sua fé. Freud escreve que, com a publicação de *O Futuro de Uma Ilusão*, ele é quem sofrerá prejuízos, ele é quem sofrerá com as críticas. É ele quem será censurado por todos os lados.

De acordo com Freud (2018), a religião foi boa, prestou um bom serviço à cultura dos homens e deu uma importante contribuição para a domesticação dos impulsos associais, embora não tenha sido grande coisa. Foi assim por milênios. A religião teve um bom tempo para mostrar serviço, mostrar do que ela era capaz, e não foi eficaz, isto é, não deu à maioria dos seres humanos a felicidade, o consolo e a reconciliação com a vida. Se a religião tivesse alcançado êxito, não ocorreria a nenhum indivíduo o desejo de modificar as condições existentes. O homem está insatisfeito com a cultura, ele não se encontra feliz. E não é um ou dois homens. É um número "assustadoramente grande". Para Freud é duvidoso que o homem, na época em que predominavam as doutrinas religiosas, era mais feliz que o homem moderno.

A religião, Freud observou em sua época, e nós podemos observar, com mais nitidez na nossa, não apresenta a mesma influência que apresentava na vida dos homens em tempos antigos. Isso porque, acredito eu, os valores absolutos — calcados na metafísica — estão, cada vez mais, perdendo seu espaço.

Freud (2018) não desqualifica, ele não diminui as promessas feitas pela religião, apenas diz que tais promessas parecem aos homens menos dignas de fé. Quanto mais uma pessoa tem acesso ao conhecimento, que ele chamou de "patrimônios do nosso saber", mais renega as crenças religiosas. Dessa maneira, a cultura, com a remoção da religião, não precisa temer os intelectuais, pois esses são seus defensores.

Freud (2018), ao conhecer o valor histórico de certas doutrinas religiosas, escreve que seu respeito por elas aumenta, no entanto isso não invalida sua proposta de excluí-las da cultura. As verdades trazidas pela religião estão tão desfiguradas e sistematicamente mascaradas que a maioria dos seres humanos não pode atestar a veracidade delas. Ocorre algo parecido quando um adulto diz à criança que a cegonha traz o bebê. A verdade foi dita por meio de um disfarce simbólico. O adulto que contou essa mentira para a criança sabe exatamente o que essa grande ave significa.

> Mas a criança não sabe; ela percebe apenas a parte desfigurada, julga-se enganada e sabemos com que frequência sua desconfiança dos adultos e sua desobediência se ligam precisamente a essa impressão. Chegamos à convicção de que é melhor se abster de comunicar semelhantes encobrimentos simbólicos da verdade e não recusar à criança o conhecimento da situação real, adequando-o ao nível de seu intelecto. (FREUD, 2018, p. 75)

O adversário imaginário de Freud ataca, mais uma vez, no início do capítulo nove. Segundo esse adversário — que poderia e pode ser qualquer pessoa, mas que, na verdade, é o seu amigo, o reverendo protestante Oskar Pfister —, Freud cai em contradição quando afirma que *O Futuro de Uma Ilusão* é uma obra completamente inofensiva, suas palavras e seus argumentos não abalarão a fé de ninguém, visto que ele não quer abalar a fé religiosa. Como só posso falar por mim, digo que Freud não estava errado, sua bela obra não abalou a minha fé em Deus.

O adversário de Freud (2018) diz como as coisas podem se tornar se o homem deixar de acreditar em Deus. Da submissão e obediência, o homem sem Deus passará a desobedecer aos preceitos culturais. Outra contradição de Freud, segundo seu adversário, é quando admite que o homem não pode ser orientado pela inteligência, pois é escravo de suas paixões e de seus impulsos. O adversário imaginário lembra Freud da sua proposta apresentada, a substituição das bases afetivas do homem, obedientes à cultura, por bases puramente racionais.

O melhor meio para dominar nossos impulsos é pela inteligência, e não pela religião. Na religião, as pessoas que se encontram dominadas por ela são proibidas de pensar, com isso não podemos pensar que elas alcancem o ideal psicológico, o primado da inteligência. Porém é preciso reconhecer que — talvez — a proibição religiosa de exercer o pensar não seja assim tão grave. Pode existir, quem sabe, um tesouro a desenterrar que possa ter a possibilidade de enriquecer a cultura e, por meio disso, o homem possa empreender a tentativa de uma educação não religiosa. Não é sensato eliminar a religião com violência. E que fique registrado aqui: ninguém perderá sua fé devido aos argumentos apresentados (FREUD, 2018, p. 78-79).

> Quem tomou soníferos por décadas obviamente não poderá dormir quando privado do remédio. Que seja lícito comparar o efeito das consolações religiosas ao de um narcótico é algo que um acontecimento nos Estados Unidos ilustra muito bem. Lá querem agora — manifestamente sob a influência do domínio feminino — privar as pessoas de todos os narcóticos, estimulantes e entorpecentes, e, em compensação, saciá-las com o temor a Deus. Esse também é um experimento sobre cujo resultado não é preciso ficar curioso. (FREUD, 2018, p. 79-80)

Diz o adversário imaginário de Freud (2018) que o homem não pode viver sem o consolo da ilusão religiosa. Sem a religião, continua ele, não é possível que o homem suporte a selvajaria da realidade. O mundo real é cruel, o próprio Freud reconhece isso. Freud diz que o homem vai se encontrar em uma situação complexa. Qual é essa situação? O ser humano terá de reconhecer todo o seu desamparo, sua insignificância perante o mundo, ele não será mais o centro da criação, como acreditou por muitos anos. Ainda continua acreditando. Freud compara esse homem que tomou consciência e reconheceu a sua fragilidade a uma criança que deixou a casa confortável do pai, onde estava protegido. E Freud pergunta ao seu adversário e a nós também:

> Mas não é verdade que o destino do infantilismo é ser superado? O homem não pode permanecer criança para sempre; ele precisa sair finalmente para a "vida hostil". Pode-se chamar isso de "educação para a realidade" (FREUD, 2018, p. 80).

Aqui não é difícil compreender que, para Freud, essa saída da casa do pai significa a libertação do homem das doutrinas religiosas e de Deus. Agora o homem está livre para voar e ganha, mesmo que por aparência, a liberdade. O homem sai da casa do pai, isto é, deixa de temer a Deus, e enfrenta a vida hostil de peito aberto, sem nenhuma proteção ou intervenção divina. Ele deixa de temer o Inferno. Isso para o homem, olhando pelo olhar de Freud, parece ser um grande alívio, o de enfrentar a vida como ela é.

O adversário de Freud tem um temor: ele teme que o homem não consiga resistir a essa penosa prova. O pai da Psicanálise responde que ele tem esperanças de ver o homem depender apenas de sua própria coragem. O homem, dirá Freud, não estará completamente abandonado, a sua ciência o ensinou muitas coisas. Freud tem a esperança de que essa aumentará seu poder ainda mais. E as inevitabilidades do destino? Freud é realista. Não há remédio para elas. Freud diz que o homem aprenderá a suportá-las com resignação, com perseverança. Quando nós não colocarmos mais nossas expectativas em outro mundo e dirigirmos todas as nossas forças liberadas na vida terrena, conseguiremos que essa se torne suportável para todos nós, então a cultura não oprimirá mais ninguém (FREUD, 2018, p. 80-81). Freud (2018), no capítulo dez de *O Futuro de Uma Ilusão*, continua sendo importunado por seu adversário. Ele diz ao pai da Psicanálise que é uma ilusão colocar suas esperanças na possibilidade de que as gerações que não tenham conhecido a influência exercida pelas doutrinas religiosas, em sua primeira infância, cheguem ao primado da sagacidade sobre a vida impulsional. Ao eliminar a religião da cultura, é preciso, segundo o adversário de Freud, outro sistema de doutrinas que, a seus olhos, terá que manter todas as características psicológicas da religião.

Freud (2018) é ciente de que suas esperanças de uma cultura irreligiosa também possam ser ilusões, porém suas ilusões, ele afirma com convicção, não são incorrigíveis, como as religiosas. Pode ter uma posição fraca diante da religião, no entanto isso não significa nenhum fortalecimento da posição do adversário. O futuro da humanidade, sem a religião, é enxergado com otimismo, pois a voz do intelecto é inaudível, mas ela não sossega até ser ouvida.

Pode acontecer, diz Freud (2018), que uma educação livre da carga pesada das doutrinas religiosas não mude, em muita coisa, a essência psicológica do homem. A ciência, que provou, por meio de seus inúmeros e significativos êxitos, não ser uma ilusão, pode descobrir alguma coisa sobre a realidade do mundo. Diante dessas descobertas científicas, espera-se que seja permitido ao homem organizar a sua vida.

CAPÍTULO 2

PENSANDO A PARTIR
DE NIETZSCHE

Segundo o filósofo alemão Friedrich Nietzsche, que morreu em 1900 — ano da publicação de uma das obras mais importantes de Freud, *A Interpretação dos Sonhos*, grande marco da Psicanálise —, a religião, especialmente a de fé cristã, é sentimento de fraqueza e de medo, hostil à vida e ao mundo, uma religião que desvaloriza o mundo terreno em prol de um *além-mundo*, o Reino dos Céus anunciado por Jesus Cristo. Para Nietzsche, o cristianismo, em sua doutrina, desprezou a vida terrena, desprezou o presente, algo que ele valoriza extremamente, em prol de um mundo além do mundo, que os cristãos chamam, com intimidade, de Reino dos Céus.

Não vejo buscar em Deus amparo diante das nossas fragilidades — que são reais, e muitas — uma desvalorização do mundo terreno. Vislumbrar o Reino dos Céus, ou a qualquer outro conforto metafísico, não tem nada a ver com desprezar esse mundo em que vivemos, muito menos, o presente. Sim, podemos concordar com Nietzsche quando ele fala do sentimento de medo — que religiosos e ateus carregam em si —, mas buscar Deus não é, de maneira alguma, sinal de fraqueza, pois, para ir em direção ao desconhecido, é preciso trazer, dentro de si, muita coragem. Só o marinheiro corajoso entra com seu barco no mar quando cai a tempestade.

Para Nietzsche, a ideia de Deus, criada pelo cristianismo, como uma entidade reguladora da moral, é uma quimera, uma grande mentira. Essa ideia deturpada de Deus para Nietzsche, assim podemos dizer, faz parte das mentes infantis. Nessa perspectiva, aqueles que acreditam em Deus são eternas crianças, fracas e medrosas. Vejamos o que Nietzsche diz sobre Deus no aforismo 47 de *O Anticristo*:

> O que nos distingue, a nós, não é o fato de não encontrarmos nenhum Deus nem na história, nem na *natureza*, nem além da natureza — mas que consideramos tudo o que é venerado sob o nome de Deus, não como "divino", mas como lastimável, como absurdo, como nocivo, não somente como erro, mas como crime contra a vida... (NIETZSCHE, 2019, p. 85)

Ao ler o aforismo 47 de *O Anticristo*, que, de forma alguma, é um ataque a Jesus, mas ao que fizeram do cristianismo, podemos enxergar um Nietzsche ressentido, amargurado. Quando li tal aforismo pela primeira vez, encontrei um Nietzsche que quer defender a ideia de que o Deus cristão não existe, mesmo sem ter nenhuma prova para tal afirmação. Nietzsche, assim como qualquer ateu, é um homem de fé, ele acredita na não existência de Deus. Nietzsche tem todo o direito de não acreditar em uma entidade metafísica e, quem saiba — essa decisão é só de Deus —, ele não esteja no Céu. O filósofo alemão, nesse mesmo aforismo, o 47 de *O Anticristo*, chega a cogitar a ideia de que alguém prove a existência do Deus cristão e, em seguida, emenda que, se isso acontecesse, ficaria menos propenso a crer Nele. Isso dá a impressão de que Nietzsche não está nem um pouco interessado em provas, desprezando, também, a Ciência. Parece-me que o problema de Nietzsche não é com Jesus Cristo, muito menos com Deus, mas com Paulo. Isso fica claro quando ele faz a seguinte afirmação: *Deus, quem Paulus creavit, dei negatio*. Essa expressão latina quer dizer: o *Deus que Paulo criou é a negação de Deus*.

A ideia de um Nietzsche amargurado, no aforismo 47, de *O Anticristo*, cai por terra quando lemos *Ecce Homo*, um belíssimo texto em que o filósofo reflete acerca de sua pessoa e de algumas de suas obras. Por que a ideia de um Nietzsche amargurado vem abaixo? Se entendermos a amargura como uma das faces do ódio, podemos descartar essa ideia, pois Nietzsche afirma na obra citada:

> Se faço guerra ao cristianismo, isso me é facultado, porque dessa parte nunca experimentei contrariedades e obstáculos — os mais sérios cristãos sempre foram bem-dispostos para comigo. Eu mesmo, um adversário *de rigueur* do cristianismo, estou longe de guardar ódio ao indivíduo pelo que é a fatalidade de milênios. (NIETZSCHE, 2008, p. 30)

Nietzsche (2008) afirma, em seu livro *Ecce Homo*, que chega a ser uma espécie de autobiografia, que agredir faz parte de seus instintos; ele, por natureza, é um guerreiro. Resume sua prática de guerra em quatro princípios, sem jamais esquecer, para travar um duelo honesto, a igualdade diante do seu inimigo. Esses são seus princípios de combate: diz só atacar causas vitoriosas; só atacar causas em que ele se encontrará sozinho, sem aliados; ele se serve da pessoa como uma lente de aumento, no entanto não faz parte de sua prática de guerra, atacá-la. Por fim, em sua quarta prática de guerra, Nietzsche diz atacar apenas coisas em que não existem experiências ruins e que atacar é uma prova de gratidão.

Nietzsche se diz demasiadamente curioso — e orgulhoso — para aceitar a ideia de Deus, para se contentar com respostas grosseiras. Ser curioso não é nada demais, afinal é essa uma das características mais importantes em um filósofo. Para Nietzsche, Deus é uma proibição ao pensamento. Vejamos: não é Deus que é uma proibição ao pensamento, como afirma o autor, mas a ideia de Deus, o Deus criado pelos homens.

Destruir ideias não é o que pretendo fazer. O que desejo é apenas pensar. Um grande filósofo também está sujeito a cometer alguns equívocos, a bater mais forte do que o necessário em alguma coisa. Nietzsche é um demolidor, sua filosofia é a do martelo. Sua filosofia pretende — e ele de fato o faz — destruir o suntuoso edifício no qual se assentam todos os valores, todas as verdades absolutas. Nenhum valor absoluto escapa. Todos se apagam. Essa, ao menos, é a pretensão de Nietzsche. Sabemos que é impossível viver sem verdades absolutas, pois, se elas não existem, acabam sendo criadas. O homem, na visão do filósofo, em seu estado mais elevado, cria seus próprios valores. E Nietzsche ataca uma religião — e uma fé — em particular, pois ela, em sua doutrina, impede essa criação.

Para ele, a religião cristã é a religião da decadência. O cristianismo, diz Nietzsche, tudo promete, no entanto não cumpre nenhuma de suas promessas. Não é Jesus, o Cristo, que não cumpre suas promessas, mas o cristianismo. Podemos dizer, tendo como base esse argumento nietzschiano, que a religião cristã não cumpre nenhuma de suas promessas, ela só prega mentiras. Nietzsche, cuja maior preocupação era afirmar a vida, entende o cristianismo como uma religião de morte, que vive na fé, no amor, na esperança, para um dia chegar ao Reino dos Céus, ao Reino de Deus.

> Fé em quê? Amor a quê? Esperança de quê? — Esses fracos — também eles desejam ser os fortes algum dia, não há dúvida, também o seu "reino" deverá vir algum dia — chamam-no simplesmente "O Reino de Deus", como vimos: são mesmo tão humildes em tudo! Para vivenciar *isto* é preciso viver uma vida longa, que ultrapasse a morte — é preciso a vida eterna para ser eternamente recompensado no "Reino de Deus" por essa existência terrena "no amor, na fé, na esperança". (NIETZSCHE, 2009, p. 36)

O principal problema enfrentado pela modernidade, olhando na perspectiva de Nietzsche, é a morte de Deus, isto é, do seu conceito, do que Ele representa para o ser humano. É o fim de uma ética pautada em uma metafísica, o fim de todos os valores que o nome de Deus nos impõe. Há aqui uma chacina, Deus não morre sozinho, leva com Ele para o túmulo todos os valores que foram constituídos por meio da metafísica. Não resta nada para apoiarmos. Estamos diante de um abismo escuro e sombrio. Podemos, forçando um pouco a barra, entender que a morte de Deus significa o desamparo total do homem, afogando-o, cada vez mais, em sua fragilidade. O que é o Bem? O que é o Mal? A morte de Deus revela ao homem a sua fragilidade cognitiva. Ele quer saber, mas ninguém o responde. É aquilo que já foi dito anteriormente: antes as explicações eram fornecidas pelos religiosos que, em teoria, estavam mais próximos de Deus; agora, Nietzsche constata, a Ciência — que, em sua visão, assim podemos dizer, não deve nunca buscar verdades absolutas — começa a tomar controle dessa função.

Sempre quando um crente — alguém que acredita em Deus, não necessariamente um evangélico; um católico também é crente — entra para a faculdade de Filosofia, aqueles que sabem de sua crença e conhecem um pouquinho o pensamento de Nietzsche falam desse autor como se ele fosse a porta da perdição, um autor maldito. Que, ao ler Nietzsche, o aluno de Filosofia se afastará de sua crença, tornando-se um ateu fervoroso. Nada mais mentiroso.

A Filosofia é cheia de polêmicas, mas existe uma que é imbatível. Porém não há, em minha visão, motivo para tanta polêmica; não houve crime algum. A única certeza que temos é de que Nietzsche está morto. A morte de Deus é algo bem polêmico, em toda a história da Filosofia e, principalmente, no pensamento de Nietzsche, mas aqui é preciso ser advogado de Friedrich Wilhelm Nietzsche, pois não é ele quem mata Deus, não é ele quem puxa o gatilho. A morte de Deus não é o trabalho de um homem só. Como se Nietzsche tivesse pensado: acordei hoje de manhã, tomei o café, comprei minha arma e, ao anoitecer, vou matar Deus. Uma brincadeira para trazer um pouco de leveza a um assunto tão polêmico dentro da Filosofia. Nietzsche apenas constata a morte de Deus, isto é, ele testemunha e denuncia o fim, o declínio de um modelo de pensamento, a saber, o pensamento platônico, que se aproxima muito do cristianismo, na visão do filósofo, pela desvalorização do mundo terreno e a valorização de um mundo além do mundo sensível. O que Nietzsche prega é justamente o contrário: a valorização do presente e do mundo terreno. O mundo sensível, em Platão, é o mundo das sombras, da corrupção. O mundo inteligível, por sua vez, é o mundo da imutabilidade e da perfeição. A morte de Deus é um evento simbólico, para, como já foi dito, denunciar o fim de um modelo de pensamento, não a morte de Deus de fato, pois Deus é entendido aqui como um conceito, do qual se emanam todas as explicações. Nietzsche está anunciando a destruição de um conceito, ele não pode ir além disso. Alguém que não existe, como os ateus alegam, não pode ser morto, o que se pode matar, em um sentido metafórico, é a sua ideia e tudo o que ela representa para os homens.

Não se pode levar tudo o que lemos ao pé da letra. É preciso interpretar. Nietzsche proclama a morte de Deus. Ele é um atento observador e só relata aquilo que está vendo diante dos seus olhos. A morte de Deus aparece, pela primeira vez, em três aforismos — 108: *Novas Lutas*; 125: *O Insensato*; e 343: *A Nossa Serenidade* — de *A Gaia Ciência*. Nietzsche considera a morte de Deus um evento simbólico. Esse evento pode trazer ao homem, passadas as três transformações do espírito, que veremos a seguir, a liberdade, a leveza. Qual é o significado desse acontecimento tão impactante? A morte de Deus significa, além de expor o ser humano ainda mais no mar de sua fragilidade e da falta, a libertação do homem de todos os valores externos a ele. O homem, agora, se encontra livre, ainda que por meio da negação, dos valores que são impostos por aqueles que criaram Deus. Em outras palavras, é o fim de toda e qualquer ética externa ao homem. Em outras palavras, de uma ética externa a ele. Agora é o homem quem cria seus valores, é o homem que os escreve. Esse evento anunciado por Nietzsche é a morte, isto é, a desvalorização de todo e qualquer valor absoluto. Deus agora está morto! O que acontece? A morte de Deus aniquila todos os valores erguidos por meio de Sua existência (por exemplo, os 10 mandamentos); com a morte de Deus, fica claro perceber que toda moral baseada em Seu nome deixa, de certa maneira, de existir. Esses valores, podemos dizer, não são mais absolutos. Com a morte de Deus, em meu entendimento, enterra-se o homem, cada vez mais, em sua fragilidade.

Para Nietzsche, a morte de Deus era simplesmente um fato consumado, ela vinha acontecendo aos poucos; ele apenas anuncia, como uma boa testemunha ocular. Essa constatação nietzschiana de que Deus está morto, uma feliz metáfora para mostrar o colapso que todos os valores absolutos estavam sofrendo em sua época, representa o declínio do modelo platônico de pensamento, representa o fim de uma época em que tudo era explicado por meio da revelação divina. Essa mesma revelação divina que Freud condena, dizendo que não podemos nos esquecer da História. A constatação da morte de Deus, feita por Nietzsche, significa o fim da metafísica, isto é, do modo metafísico de olhar, apreender e interpretar a realidade. Metafísica pode ser entendia aqui como tudo que está além do mundo sensível, do mundo que podemos tocar.

Acredito que Deus existe. É uma afirmação que já não coloco mais em dúvida. Em momentos de fragilidade, o homem pode questionar a existência de Deus, assim como eu também já fiz um dia, mas essa afirmação de que Deus existe é feita com o coração, e não com a razão. Essa ainda é limitada demais para compreender os mistérios do mundo metafísico. Creio, mas tenho a plena consciência de que a existência de Deus é uma aposta — mesmo sentindo em mim a Sua existência —, pois, diante de tudo o que é metafísico, resta *apenas* a fé.

Pondé (2016) considera que uma das perguntas mais inúteis da filosofia é se Deus existe ou não. Ele cita o filósofo Blaise Pascal e sua famosa *aposta*. A ideia, ao apostar na existência de Deus, é racional e útil. Caso apostasse na não existência de Deus, fugiria de Sua vontade e, após morrer, daria de cara com o Eterno do outro lado e seria obrigado a amargar uma eternidade de sofrimento. Por outro lado, se a pessoa apostar na existência de Deus e viver seus poucos anos de vida terrena levando em consideração a Sua vontade, e Deus não existir, a pessoa, logo, morreria e não perderia coisa alguma, já que sua alma deixaria de existir e ela não teria consciência de que fez uma aposta errada. Mais uma coisa: se a pessoa apostar na existência de Deus e estiver certa, ao contrário do descrente, será amplamente recompensada.

Perguntar sobre a existência ou não de Deus, querendo provas oferecidas pela razão, é mesmo inútil e uma enorme perda de tempo. Julgo que essa é uma pergunta inútil, não pelo fato de ser ou não relevante, mas porque a fé independe de provas, temos ou não temos. Podemos descobri-la, ao decorrer da nossa vida. Tudo depende e dependerá de uma experiência com Deus (Mistério), essa experiência, para o ser humano que crê, já é a *prova* de que Deus existe.

A morte de Deus era um fato. Ponto. Não havia como retornar. Era preciso que alguém corajoso fizesse o comunicado. Nietzsche, podemos brincar, chama a responsabilidade para si e, faz o anúncio, avisa sobre a morte de Deus. Agora Deus está morto, mas é preciso ir além, pois para Deus estar completamente morto, para sua morte ser, de fato, definitiva — o conceito do Deus judaico-cristão ser enterrado e seu túmulo lacrado — é preciso que surja o *Super-homem*, é necessário que o homem se supere.

Nietzsche, no parágrafo 125 de *A Gaia Ciência*, que merece ser citado na íntegra, descreve poeticamente esse sentimento de desamparo, de abandono que cai sobre a consciência do homem moderno e que continua a cair sobre a cabeça do homem contemporâneo, como uma intensa tempestade. Essa tempestade de desamparo serve para ilustrar que o homem está, o tempo todo, sendo bombardeado por sua fragilidade. Nesse aforismo grandioso em significados, Nietzsche, para ilustrar seu pensamento, usa a imagem de um louco que entra em um mercado e anuncia, para todos que ali se encontram, a morte de Deus. E o louco vai além: ele aponta os seus assassinos, os homens. Diz a todos os presentes, que só nos tornando deuses é que podemos nos redimir da grandeza de tal atrocidade.

> Jamais ouviram falar daquele louco que acendeu uma lanterna em plena luz do dia e desatou a correr pela praça pública gritando incessantemente: "Procuro Deus! Procuro Deus!". Mas como havia ali muitos daqueles que não acreditam em Deus, o seu grito provocou grandes gargalhadas. "Perdeu-se, como uma criança?", dizia um. "Estará escondido?", dizia outro. "Terá medo de nós? Terá embarcado? Terá emigrado?"... Assim gritavam e riam todos ao mesmo tempo. O louco saltou no meio deles e trespassou-os com seu olhar. "Para onde foi Deus?", exclamou, "... vou lhes dizer! Nós o matamos, vocês e eu! Somos nós os seus assassinos! Mas como fizemos isso? Como conseguimos esvaziar o mar? Quem nos deu uma esponja para apagar um horizonte inteiro? Que fizemos quando desatamos esta terra do seu Sol? Para onde vai ela agora? Para onde vamos nós mesmos? Para longe de todos os sóis? Não estamos incessantemente a cair? Para diante, para trás, para os lados, em todas as direções? Haverá ainda um "em cima" e um "embaixo"? Não estamos errando através de

um vazio infinito? Não sentimos na face o sopro do vazio? Não se tornou ele mais frio? Não anoitece eternamente? Não será preciso acender os candeeiros logo de manhã? Não ouvimos ainda o barulho dos coveiros que enterram Deus? Ainda não sentimos o cheiro da decomposição divina?... Os deuses também apodrecem! Deus morreu! Deus continua morto! E nós o matamos! Como havemos de nos consolar, nós, assassinos entre assassinos! O que o mundo possuía de mais sagrado e de mais poderoso até hoje sangrou sob o nosso punhal; quem nos limpará este sangue? Que água nos poderá lavar? Que expiações, que jogo sagrado seremos forçados a inventar? A grandeza deste ato é demasiado grande para nós. Não será preciso que nós próprios nos tornemos deuses para parecermos dignos dele? Nunca houve ação mais grandiosa e quaisquer que sejam aqueles que poderão nascer depois de nós pertencerão, em função dessa ação, a uma história mais elevada do que toda história que já existiu!". O insensato calou-se depois de pronunciadas essas palavras e voltou a olhar para os seus auditores: também eles se calaram, e o fitavam com espanto. Finalmente atirou a lanterna ao chão, de tal modo que se partiu e se apagou. "Chego cedo demais", disse ele então, "o meu tempo ainda não chegou. Esse acontecimento enorme está ainda a caminho, e ainda não chegou ao ouvido dos homens. O relâmpago e o raio precisam de tempo, a luz dos astros precisa de tempo, as ações precisam de tempo, mesmo quando foram efetuadas, para ser vistas e entendidas. Esta ação ainda lhes está mais distante do que as mais distantes constelações: e foram eles, todavia, que a fizeram!". Conta-se ainda que este louco entrou nesse mesmo dia em diversas igrejas e entoou o seu *Requiem aeternam deo*. Expulso e interrogado teria respondido da mesma maneira: "O que são estas igrejas senão túmulos e monumentos fúnebres de Deus?". (NIETZSCHE, 2003, p. 115-116)

Giacoia Júnior (2000) afirma que esse famoso texto de Nietzsche descreve o sentimento de abandono. Esse sentimento, tal qual um vazio opressivo, esmaga a consciência do homem moderno. A pergunta que fica é: quem ouve o louco? Giacoia Júnior aponta que todos aqueles que estão reunidos na praça são nossos representantes. Nós, homens modernos, não tínhamos a consciência da dimensão do nosso próprio feito, isto é, a morte de Deus.

Nietzsche (2003) vai afirmar no aforismo 343 de *A Gaia Ciência* que a morte de Deus é, nos últimos tempos, o acontecimento de maior grandeza e que já lançava suas primeiras sombras na Europa. Mas tal espetáculo, como Nietzsche chama a morte de Deus, é percebido por um número muito pequeno de pessoas.

Sem Deus, tudo o que o homem encontra é o desamparo e, com esse, a ausência de sentido, o vazio. Todos os homens que debocharam do louco não acreditavam em Deus, Nietzsche nos fala, eles não estavam devidamente preparados para compreenderem a morte da ideia de Deus, da grandiosidade — e dos perigos — desse acontecimento.

O que pode acontecer após a morte de Deus? Sem um valor absoluto para respeitar — aqui se encontra o perigo —, fica evidente, o homem pode se aniquilar, pois carrega em si a crueldade. Deus não fez o homem cruel, pois, por definição, é um ser bom e do que é bom não pode nascer o mal. Nós esbarramos aqui no livre-arbítrio, e a culpa cai sobre o homem, fazendo dele o único responsável por sua natureza regada pelo mal. Deus, como conceito, pode ser entendido como um regulador ético, uma ética baseada, acima de tudo, no amor.

Nietzsche entende Deus como uma projeção do homem, o Deus — judaico-cristão — é uma mentira, é fruto da imaginação de homens doentes e nocivos à humanidade:

> O que a humanidade até agora considerou seriamente não são sequer realidades, apenas construções; expresso com mais rigor, *mentiras* oriundas dos instintos ruins de naturezas doentes, nocivas no sentido mais profundo — todos os conceitos: "Deus", "alma",

> "virtude", "além", "verdade", "vida eterna"... Mas procurou-se neles a grandeza da natureza humana, sua "divindade"... (NIETZSCHE, 2008, p. 47-48)

Conforme Nietzsche, apenas a sombra é adorada dentro das igrejas. No aforismo 108 de *A Gaia Ciência*, ele afirma:

> Mesmo depois da morte de Buda ainda foi mostrada a sua sombra, durante séculos, em uma caverna; uma sombra enorme e aterradora. Deus morreu; mas assim como são os homens, ainda existirá cavernas durante milênios, nas quais se mostrará a sua sombra. Quanto a nós... também precisamos vencer a sua sombra! (NIETZSCHE, 2003, p. 105)

No aforismo 108 de *A Gaia Ciência*, Nietzsche está nos dizendo — essa é apenas uma das inúmeras interpretações possíveis — que, embora o ser humano não precise mais de Deus para lhes fornecer explicações, ou para dizer como deve agir, alguns continuarão necessitando de Deus; por isso, durante milênios, a sua sombra continuará a ser mostrada. Ao dizer que precisa vencer a sombra de Deus, Nietzsche diz, a meu ver, que a ideia de Deus ainda está agonizando, contradizendo a sua frase mais famosa. Deus, a Sua ideia, pode estar morrendo, no entanto o Seu túmulo ainda não foi fechado, pois, como escreveu Nietzsche, ainda existe a Sua sombra. Em suma, pode-se dizer que o homem não está preparado para abandonar todos os valores calcados na Metafísica e, arrisco a afirmar, que talvez nunca esteja.

No entendimento de Nietzsche (2003), no aforismo 347 de *A Gaia Ciência*, pela quantidade de fé que um homem necessita para se desenvolver e pelo número de amarras que não querem que ele se desprenda podem ser medidas sua força e sua fraqueza. Desejamos comandar mais quanto menos sabemos e aspiramos comandar severamente, seja por qualquer coisa, como, por um dogma. Diante disso, chega-se à conclusão de que o budismo e o cristianismo, as duas maiores religiões do mundo, poderiam muito bem ter nascido de uma extraordinária, de uma formidável anemia da vontade. Isso explicaria a rapidez de seu alastramento. Resumindo ao máximo o aforismo 347, o homem, quando se deixa convencer que tem de ser comandado, acaba se tornando um "crente". Porém essa lógica pode ser facilmente invertida quando falamos: podemos imaginar certo prazer e força na autodeterminação, um exercício de soberania individual e singular. Essa liberdade permite a um espírito a rejeitar qualquer fé e, com isso, qualquer necessidade de certeza. Esses indivíduos, que recusam, a seu bel prazer, qualquer fé passam a sustentar-se nas mais frágeis possibilidades, passam a dançar à beira dos abismos. Esse espírito, que encontra prazer na autodeterminação, que comanda a si mesmo, seria o espírito livre por excelência.

Ter fé em algo superior, entendido aqui, por mim, como Deus, não aprisiona o espírito do homem. O homem não pode negar que ele é o único responsável por seu aprisionamento, ao olharmos para a questão com os olhos de Sartre, com os olhos da liberdade. Só a fé pode dar a um homem um propósito para sua existência. Digo por mim, e é só por mim que posso dizer, pois cada homem só pode falar a partir do que ele já viveu, das suas experiências: a fé nunca me impediu de pensar, de questionar, de colocar em dúvida certas coisas, muito pelo contrário, ela me impulsionou. Se hoje acredito em Deus é porque, em algum momento da minha existência, eu duvidei Dele. O que pode afastar um espírito da liberdade não é a fé, é o fanatismo religioso, o fanatismo filosófico, o fanatismo científico, isto é, querer converter o outro, a todo custo, não respeitando a sua crença, o seu pensamento. Isso sim é uma ilusão: o homem não comanda a si mesmo e, por não estar seguro de suas convicções, deseja, a todo custo, converter o outro, anulando-o, pois sou o que penso, o que acredito.

Somos livres para escolher, como nos lembra Sartre, e essa liberdade de escolha implica, segundo o autor de *O Ser e o Nada*, consequências. Acredito que podemos, em certa medida, comandar as nossas escolhas, mas não as consequências, pois elas não nascem no momento em que escolhemos, mas apenas no futuro. O homem até pode, em certo grau, comandar seu presente, mas nada pode fazer quanto ao futuro, apenas angustiar-se. E, de uma consequência, fruto de uma simples manifestação de liberdade, outras consequências vão se acarretando.

Nietzsche, em seu livro *Assim Falava Zaratustra*, usa a metáfora das três transformações do espírito para explicar aos seus leitores o caminho percorrido pelo homem para chegar ao *Super-homem.* Segundo Zaratustra: primeiro o espírito se transforma em camelo, depois passa a ser leão, e, finalmente, o leão transforma-se em criança. Esse é o processo. Raramente o leão transforma-se em criança, pois aprendemos a nos revoltar, dando pouca importância a arte de criar. O homem, eu acredito, tão preocupado em odiar, em dizer não, vira as costas para a leveza, para o inventar, ficando estagnado na revolta. O camelo simboliza aquele homem que carrega consigo as cargas mais duras, submisso, que carrega valores, e não ousa, em nenhum momento, questioná-los. Ele segue todos os valores sem pensar. O camelo não é livre para fazer perguntas. A única liberdade que conhece é a da submissão. Seu lema: obediência. Sim, o camelo teme a liberdade porque, com ela, inevitavelmente, virá a responsabilidade e terá de arcar com as consequências. Questionar valores é algo libertador, mas, também, algo bastante perigoso. Quando rejeitamos um valor absoluto existem as consequências positivas e negativas. É mais confortável ter em quem se apoiar – Deus, o Estado, a Psicanálise, a Filosofia, uma instituição de ensino etc. – para quem transferir a responsabilidade por nossas escolhas. Em minha concepção, não há coragem no camelo, só uma grande dose de medo de bater de frente com os seus senhores. Não há coragem no camelo, esta coragem só se manifesta no exato momento em que ele, indagando-se sobre todos aqueles valores que não são seus, transforma-se em leão. O leão é o símbolo da coragem, é destemido, veste sua armadura, pega sua espada, e corre pelo seu deserto sem temer o perigo. O leão até gosta do perigo, pois o desafia o tempo todo. O leão joga para longe tudo aquilo que o camelo carregou de cabeça baixa; ele quer lutar, e sabe que para vencer seus senhores, tem que ser ousado, tem que carregar em si o espírito da audácia. É um grande avanço: ele já quer destruir valores que há muito o sufocavam, mas isso não é tudo. Não basta destruir. Se isso bastasse, cairíamos em um vazio profundo. O que fazer após a destruição? Destruir por destruir é interromper a evolução do espírito. Por isso, não basta destruir, é preciso estar pronto para criar, abandonar a armadura do leão. É quando o espírito sai do campo de batalha e se transforma em artista. Enquanto o espírito semelhante ao camelo vive na inércia, calado, temendo lutar contra os seus senhores, banhado por uma dose de covardia, aquecido pelo medo, o espírito semelhante ao do leão quer conquistar a liberdade e não mede esforços para conseguir; quer, ao contrário do camelo, que é escravo, ser senhor em seu próprio deserto, criar uma liberdade para a criação de novos valores, visto que ele, como afirma Nietzsche, ainda não consegue criá-los. O leão vence a covardia do camelo, pois já não teme mais os senhores, aqueles que querem interferir em sua liberdade. E se vence, deve isso a sua ousadia que, em minha visão, é sua maior arma diante do combate.

O que faz o leão, esse espírito tomado pela coragem? Zaratustra responde: "Procura então seu último senhor, quer ser seu inimigo e de seus dias; quer lutar com o grande dragão para derrotá-lo" (NIETZSCHE, 1977, p. 20).

Resumindo ao máximo o pensamento de Nietzsche, no que se refere às três transformações do espírito, podemos dizer que o leão aprendeu a dizer "Não!" a todos os valores que o camelo serviu obedientemente, sem ousar desrespeitá-los e, em consequência disso, renunciando a si, achando-se livre quando, na verdade, andava pelo seu deserto como um escravo, com os olhos voltados para o chão. Falta ao camelo ousadia. O leão não abre mão da sua liberdade, por isso é ousado diante do perigo, e tudo o que ele quer é destruir. Sem a ousadia do leão nada seria destruído. Entendo que o leão já não vê mais sentido em seguir valores de outrem. É por isso que busca destruí-los. Contudo não basta apenas destruir valores — como faz o leão, com toda a sua fúria —, é preciso criá-los. Se você escutar o "você deve" e não o "eu quero", como nos mostra Zaratustra, se seu espírito for o de um camelo, você respeitará valores que nunca foram seus, que sempre foram impostos por outros, como a sociedade.

Poderíamos, em nível de comparação, dizer que o leão é semelhante ao homem revoltado de Albert Camus (1913-1960). Há um significado nesse "não" do leão que podemos encontrar em *O Homem Revoltado*, obra de Camus que foi publicada pela primeira vez em 1951.

O leão é um revoltado, pois disse "não" a todos os valores impostos pela metafísica e, simultaneamente, disse seu "sim" para a transvaloração de todos os valores. O leão já não aceita mais andar sob o chicote de seus senhores, por esse motivo, ainda que não seja um artista — ainda que não crie valores —, quer enfrentar e derrotar todos os seus senhores.

Camus (1996) se pergunta quem é o homem revoltado. E sua resposta é categórica. O homem revoltado é aquele que diz não. Esse não que sai da boca do homem revoltado é uma recusa, e não uma renúncia. Não é difícil de entender isso, pois, conforme nos mostra Camus, o homem que diz não, o homem revoltado, é também um homem que diz sim. E isso desde seu primeiro movimento. E há um significado nesse "não" pronunciado pelo homem revoltado: "as coisas já duraram demais"; "até aí, sim; a partir daí, não"; "assim já é demais"; "há um limite que você não vai ultrapassar". Etimologicamente, o revoltado é aquele que se rebela. Andava sob o chicote do seu senhor, mas decidiu enfrentá-lo.

O *Super-homem* é alguém que se eleva, dotado de valentia e impetuosidade. Mas coragem por si só não basta. A coragem vazia não é nada. Para que ocorra a grande transformação, é preciso que essa coragem se dissolva em leveza. Os valores foram destruídos! Ainda não chegou a hora de vibrar. Apenas uma parte da montanha foi escalada, ainda existe muito a subir. É o começo, mas ainda é pouco para quem quer ser livre. Do que adianta a coragem se não há criação? Em outras palavras: do que adianta destruir se não consigo criar? É preciso ser impetuoso, ter a dureza do martelo para criar valores. Em um primeiro momento, o da destruição, o martelo se faz necessário, é o instrumento de combate. Mas depois... o espírito já não vê mais sentido em empunhar o martelo, pois já não existe mais nada para destruir. É preciso bater, só assim se destrói. O *Super-*

-*homem*, assim podemos entender, é alguém que é livre, que se eleva de tal maneira que percebe que, para viver com leveza, é indispensável rir de si mesmo. Aquele que, como um dançarino, supera o homem, esse ser vergonhoso; aquele que ultrapassa todos os valores; aquele que está acima do bem e do mal; aquele que não tem medo de criar a sua própria moral; aquele que não é mais submisso, que alcançou a liberdade; aquele que, ao deixar sua condição de escravo, passou a ser senhor de si, eis o *Super-homem* de Nietzsche, que é simbolizado pela criança das três transformações do espírito: leveza, esquecimento e inocência. É interessante notar que a criança que, aparentemente, é frágil, foi escolhida por Nietzsche para representar o *Super-homem*. A criança — entende-se aqui o *Super-homem* — é pura poesia, ela é incapaz de ser domada, ela é uma águia livre, vive apenas o presente e dançará sua dança leve e harmônica diante do abismo. De qual abismo? Do abismo da moral escrita por terceiros, que um dia quase a cegou, impedindo-a de perceber que havia vida fora do deserto onde, em tempestades de areia, carregava cargas pesadíssimas. Dançar ao som de qual música? Não importa. A criança dança até sem música, pois ela é a própria música. Poesia e melodia. Riram dela, foi chamada de louca. Quem não participou do mesmo processo de transformação, jamais ouvirá a música dançada pelo *Super-homem*. Os outros não ouvem, ainda estão presos. Mas a criança é capaz de ouvir a música. A música toca dentro dela. Aqui não há preocupação com a vida, o que importa é vivê-la de acordo com a sua vontade. Aqui não há peso, não há nada para carregar. Uma criança dançando diante do abismo, brincando com a chuva, os pés descalços na areia. Será engolida pelo abismo? A criança não está preocupada com isso. É uma questão irrelevante. A criança quer brincar, quer o presente e nada mais. O futuro não está entre suas preocupações. Não existe nenhum ressentimento aqui, o *Super-homem*, com firmeza, ultrapassou os sofrimentos e as desgraças do mundo, pois aprendeu que, para ser sadio, antes de tudo, é preciso saber esquecer. Esse homem além do homem não existe, talvez jamais exista.

CAPÍTULO 3

A RELIGIOSIDADE E A PSICOTERAPIA

Existe uma relação entre a religiosidade e a psicoterapia? Será que o paciente pode adquirir a cura por meio da religião, adquirindo uma atitude de religiosidade própria? Essas perguntas, aparentemente inofensivas, merecem atenção, pois elas responderão à pergunta central deste trabalho: a religião é ou não uma ilusão?

Não há dúvidas de que crer em um ser maior ajuda o ser humano a enfrentar seus sofrimentos, a lidar com seus demônios, superando-os dia após dia. Partindo do pressuposto de que Deus não está apenas no céu, mas dentro do homem, ao voltar-se para Deus, o homem está se dirigindo a ele mesmo e, onde dentro dele era escuridão, uma luz é acesa.

Dalgalarrondo (2008), citado por Murakami e Campos (2012), afirma que há um consenso entre uma variedade de profissionais, tais como sociólogos, filósofos e psicólogos sociais de que a religião é um fator importante de significação e ordenação da vida, aparecendo como fundamental em momentos de maior impacto na vida das pessoas. Murakami e Campos (2012) ainda afirmam que as pessoas buscam na religião um alívio do sofrimento que as acomete, buscam alguma significação para o desespero, diante do sofrimento, que instaura em suas vidas.

De acordo com Murakami e Campos (2012), o alívio de um sofrimento pode surgir com a religião, sem sombra de dúvidas, devido à sensação de pertencimento que o homem sente quando está diante de algo que é maior do que ele. O homem carrega consigo esse desejo do pertencimento. Por meio da religião, da crença em um ser absoluto, o homem tem o sentimento de que, mesmo diante das intempéries da vida, não está sozinho, há um ser absoluto que está olhando por ele.

De acordo com Baltazar (2003) e Cerqueira (2003), que foram citados por Marukami e Campos (2012), a religiosidade implica a fé, que podemos entender como uma mobilização de energia positiva. As pessoas que possuem uma fé sentem-se mais fortes para encarar as dificuldades da vida e continuar lutando para ser um sobrevivente, acreditando que serão curadas de seus sofrimentos. Murakami e Campos (2012) complementam dizendo que a fé faz as pessoas acreditarem que serão curadas de suas doenças, faz os indivíduos acreditarem em uma provisão sobrenatural, intervindo, de forma concreta e favorável, em sua condição.

O primeiro passo para a cura, antes mesmo do desejo de ser curado, assim enxergo, é a fé, acreditar que você pode caminhar em direção ao seu desejo. E, quando temos Deus — ou qualquer outro nome que você queira dar ao Absoluto — como aliado em nossas tempestades, comandar o nosso navio, em direção ao nosso desejo, fica mais suportável.

Murakami e Campos (2012), citando Alves e outros (2010), e citando Moreira, Neto e Koenig (2006), mostram que a religiosidade traz resultados positivos sobre a saúde do paciente; a religião tem uma grande responsabilidade pela formação de comportamentos de proteção. Murakami e Campos (2012) acrescentam, no estudo Peres, Simão e Nasello (2007), e todos esses autores citados nos ajudam a compreender que o indivíduo que segue um estilo de vida religioso tem menores taxas de doenças crônicas e agudas e apresenta níveis amortizados de estresse. Por que isso acontece? Porque a religião também transmite a necessidade de a pessoa ter comportamento de equilíbrio e conformidade, além de pregar costumes positivos, como a oração, que geram aconchego e conforto emocional e desencorajam situações que possam gerar conflitos, incitando a harmonia interpessoal.

O psicanalista só pode falar, com propriedade, daquilo que ele presencia, em sua clínica, em sua própria psique, em sua existência, o que me leva a afirmar que uma teoria que pretenda abraçar o sujeito, como a psicanalítica, deve nascer da experiência pessoal do teórico. O psicanalista suíço, Carl Gustav Jung (1875-1961) — discípulo de Freud e fundador da Psicologia Analítica — percebeu a importância da religião no tratamento psicoterapêutico.

Jung (2015) conta aos seus leitores, propondo-lhes uma reflexão, que, de todos os seus pacientes, em sua maioria, protestantes, uma minoria de judeus, e não mais que cinco ou seis católicos praticantes, não houve um só cujo problema mais profundo não fosse o da atitude religiosa. Jung é firme aqui: ele diz que todos estavam doentes por terem perdido o que as religiões vivas ofereciam, em todos os tempos, aos seus adeptos, e nenhum de seus pacientes curou realmente sem ter readquirido uma atitude religiosa própria, o que, evidentemente, nada tinha a ver com a questão do credo religioso ou com a pertença a uma determinada igreja.

Frankl (2020) vai nos mostrar que, embora a religião, em suas questões primárias, não se preocupe muito com a cura psíquica ou com medidas profiláticas, ou seja, com medidas preventivas; em seu resultado, ela não deixa de ter efeitos psico-higiênicos e, até mesmo, psicoterapêuticos, pois oferece à pessoa uma sensação de incomparável proteção e ancoramento que não pode ser encontrada em nenhum outro lugar, a não ser na transcendência, a não ser no Absoluto.

Aqui Viktor Frankl começa a abrir nossos olhos para a relevância que a religião tem no tratamento psicoterapêutico. O ser humano é um ser desamparado, e a psicoterapia, com a religião, pode ajudá-lo, oferecendo-lhe a sensação de proteção, de que ele não está só.

Viktor Frankl, por meio de suas observações clínicas, constata algo muito importante acerca da fé, que está ligado ao seu conceito de inconsciente espiritual.

Frankl (2020) adverte os psicoterapeutas de que o inconsciente espiritual nunca poderá ser sua intenção legítima, a não ser que ele professe o mesmo credo religioso de seu paciente. Ao longo das sessões de psicoterapia, em alguns casos, o paciente reencontra fontes, há muito tempo, soterradas, reencontra uma fé original, inconsciente e reprimida.

Será que a psicoterapia deve ocupar-se da fé? Ou é uma perda de tempo, uma energia desperdiçada, que poderia estar sendo dirigida a outros assuntos? Quem nos dá a resposta é o pai da Logoterapia, que não é apenas médico — neuropsiquiatra — mas também filósofo.

Frankl (2020) comenta que certo dia foi entrevistado por uma repórter, e ela lhe perguntou se a tendência de sua época era se afastar da religião. Nosso autor diz que respondeu o seguinte: a tendência não é se afastar da religião, mas daquelas denominações que não parecem ter outra coisa que fazer senão combater-se reciprocamente. A repórter, logo após ouvir a resposta de Frankl, perguntou-lhe se esse fato significa que, mais cedo ou mais tarde, inevitavelmente, haveria uma religião universal. E o autor negou, dizendo que não estamos caminhando em direção a uma religiosidade universal, mas a uma religiosidade pessoal. Essa religiosidade pessoal, afirma Frankl, é a linguagem própria da pessoa, que ela usa para voltar-se a Deus. Porém o autor indica que a religiosidade pessoal, nem de longe, significa o fim dos ritos e dos símbolos em comum. O autor trata as religiões como idiomas e fala que ninguém pode dizer que a sua língua seja superior às outras, pois, em cada língua, em cada religião, o sujeito pode alcançar a verdade. Isso significa dizer que, por meio de qualquer religião, o homem pode encontrar Deus. Ao perceber o fenômeno crer, não como uma fé em Deus, mas como uma fé mais abrangente em um sentido, a psicoterapia compreende que é perfeitamente legítimo que ela se ocupe do fenômeno da fé. Para o físico e autor da Teoria da Relatividade, Albert Einstein, citado por Frankl, ao se perguntar sobre o sentido da vida, o ser humano já está sendo religioso.

Jung (2015) afirma algo relevante acerca da religião, que passou despercebido por Freud. O fundador da Psicologia Analítica observou que, em paralelo à decadência da vida religiosa, o número de neurose vai aumentando consideravelmente. Um grande número de clientes de Jung o consultou não porque sofria de uma neurose, mas porque não encontrava um sentido para sua vida ou se torturava com problemas para os quais nem a filosofia nem a religião tinham respostas. Alguns de seus clientes pensavam que ele tinha uma resposta, mas Jung, como ele mesmo afirma, não tinha nenhuma resposta pronta.

No texto *O Mal-estar na Civilização*, publicado, pela primeira vez, em 1930, três anos depois de *O Futuro de Uma Ilusão*, Freud (2018) é humilde ao dizer que, por experiência própria, ele não conseguiu se convencer da natureza primária do sentimento oceânico, apresentado por seu amigo Romain Rolland. Freud vai nos mostrar que o *sentimento oceânico*, conforme Romain Rolland, é entendido como uma sensação de eternidade. Freud diz que o fato de ele não ter experimentado tal sentimento não o autoriza a se questionar sua ocorrência em outras pessoas.

Nenhum psicanalista — ou qualquer outro psicoterapeuta — tem respostas prontas, verdades absolutas. A pergunta é jogada, mas as respostas precisam ser construídas. Isso leva tempo, pois é preciso compreender que somos uma unidade. O ser humano é único, então é lógico afirmar que a fragilidade de um paciente não é a mesma de outro, por mais parecidas que sejam. Isso porque cada paciente traz consigo uma história de vida, e essa, devido à subjetividade e à maneira peculiar de cada pessoa enxergar o mundo, é muito diferente. A terapia é um momento de construção e, por vezes de desconstrução. O desconstruir, muitas vezes, é um processo doloroso — e libertador —, porém necessário para aliviar o paciente de seus sofrimentos. O psicanalista não pode levar a seus pacientes respostas prontas, como se estivesse passando uma receita de bolo. A questão não é não poder dar tais respostas fechadas, como se isso fosse algo proibido. O psicoterapeuta não pode oferecer ao paciente o que ele não tem. Não há respostas prontas porque o sujeito é único, o que serve para uma pessoa não serve para outra e, se servir, com toda certeza, vai precisar de algumas modificações, devido à história única de cada sujeito.

Há uma divergência interessante entre o pensamento junguiano e o freudiano. Freud, por não ter, segundo suas próprias palavras, experimentado o sentimento religioso, desconsiderou completamente o espiritual, o lado religioso do ser humano.

Jung (2015) aponta que Freud se limitou a trazer para a consciência o mal e o mundo das sombras no interior de cada homem. A psicanálise freudiana simplesmente mostra o mal, no interior do indivíduo, e aí a sua tarefa está acabada; é o próprio paciente que deve descobrir uma maneira de sair da sua guerra. O pai da Psicanálise deixou passar algo importante, ele ignorou completamente o fato de que o ser humano, em momento algum da história, esteve em condições de enfrentar sozinho o mundo subterrâneo, isto é, do seu inconsciente. O ser humano, para isso, afirma Jung, sempre precisou de uma ajuda espiritual que lhe proporcionava a religião do momento.

CAPÍTULO 4

FRAGILIDADE E SENTIDO

Não podemos discordar de Freud — que elaborou a sua teoria a partir da sua clínica e de sua interpretação — e de Nietzsche. Eles apresentam argumentos convincentes. A religião, como ambos dizem, é fruto de uma carência que existe no homem. Como negar que o homem é um ser carente? Como negar a fragilidade que assalta todo homem e toda mulher? Porém isso não é prova da inexistência de Deus. Tanto a Psicanálise como a Filosofia — e podemos colocar a Ciência aqui também — não são capazes de provar nem a existência nem a inexistência de Deus. É um mistério que, em minha visão, só pode ser acessado pelo sentimento, o *sentimento oceânico* do qual nos fala Romain Rolland. É como disse Freud: seus argumentos não destruiriam a fé das pessoas. E, se formos analisar, Freud não está errado, pois, se tenho realmente fé em Deus, acredito eu, não é um simples — e belo — texto que vai abalar a minha fé. Muito pelo contrário, vai reascendê-la. Freud está apenas mostrando a sua visão de mundo, e ele tem todo direito a isso.

Dentro do consultório, a religião — mesmo que não seja uma instituição, como a Igreja Católica — e a crença em Deus, ou a falta de religião, servem como um elemento importantíssimo para que o psicanalista compreenda a visão de mundo de seu paciente. Ao compreender a visão de mundo de seus pacientes, consequentemente, é possível tentar entender a origem dos males que afetam a sua alma.

A religião, entendida aqui como instituição, com suas doutrinas, pode atuar como o *Superego*, censurando o paciente, impedindo que ele faça determinada coisa que venha a feri-lo emocionalmente. Não só feri-lo mas também ao outro, pois nenhum ser humano vive dentro de uma bolha, isolado do Outro. O ser humano precisa de algo para frear seus instintos, seus desejos mais sombrios. Cabe ao paciente aceitar ou não a introdução da religião como processo terapêutico. Se ele não aceitar, outra coisa precisa ser colocada no lugar. Outra "religião". Quebrar os valores absolutos, para mim, não se mostra a melhor saída, o homem ficaria submerso em sua própria fragilidade. Muitas vezes a religião, aqui entendida como aquilo que religa o ser humano com o divino, a religiosidade, precisa entrar na vida do sujeito para que ele não se sinta desamparado e desprotegido. É a sensação de proteção da qual nos fala Frankl.

Como enxergar a religião e Deus dentro do consultório? Primeiramente, a religião, não é uma ilusão, pois se manifesta na psique de todos nós. E tudo o que existe na psique é real, não pode ser uma ilusão. Por mais que Deus possa ser uma criação da nossa mente, como alegam Freud e Nietzsche, isso não torna infantil o intelecto daqueles que creem. Dentro do consultório, como ficam as crenças do psicanalista? Essa pergunta pode ser respondida da seguinte forma: as crenças do psicanalista ficam em sua psique, não devem ser manifestadas, exceto quando o paciente partilha da mesma fé que ele. O que importa, dentro do consultório, são as crenças do paciente, seja ele crente ou ateu. O psicanalista deve ser neutro. Quando um paciente acredita em Deus e segue determinada religião — ou é ateu —, devemos olhar para ele ou para ela de forma única, procurar saber os motivos que o fizeram crer — ou não crer — em Deus. Por que escolheu — se é que escolheu — seguir essa ou aquela religião? Devemos perguntar qual o seu maior desamparo. A religião, quando bem vivenciada, não oprime as pessoas, ela salva muitas de caírem no abismo. Negar isso seria dar um tiro no próprio pé. Para construir seus próprios valores, como quer Nietzsche, ao nos apresentar o *Super-homem*, nós não precisamos destruir a religião. Não se pode esquecer que todo valor que um homem cria é baseado em algo. Nenhum valor é original, assim como nenhum pensamento o é. Um homem pode muito bem ser religioso e criar seus valores — a sua maneira de ser cristão, por exemplo —, tendo assim uma mente livre, que eu acredito ser o objetivo de toda terapia psicanalítica.

Seria uma grande irresponsabilidade de nossa parte negar o fato de que a religião, a crença em Deus, ajuda o ser humano a passar pelas tempestades da vida, ajuda-o a encontrar saída em suas crises existenciais. Em outras palavras, ajuda-o a encontrar um sentido, entendido aqui como propósito para a existência. Sem uma ligação com Deus (Mistério), homens e mulheres ficam vulneráveis, pois são como taças de cristal, são frágeis. Penso que essa fragilidade que assalta cada um de nós possa ser a origem das neuroses, passamos a nos relacionar com o mundo, inteiramente frágeis. Os conflitos internos só existem porque as fragilidades também existem, fazem parte de nossa constituição enquanto pessoa, enquanto um ser que é afetado pelo mundo externo.

Por que o ser humano é frágil? A resposta é bem evidente, não requer grandes formulações teóricas. Somos frágeis porque não somos completos, nós só podemos encontrar esse algo que nos falta em Deus. Por não ser palpável, Deus não pode ser estudado cientificamente, não dá para provar Sua existência fazendo uso da razão, como fez o filósofo francês, René Descartes, em seu belo livro *Meditações Metafísicas*. No entanto pode-se sentir a presença de Deus, daí a sensação de plenitude.

O ser humano pode alcançar a plenitude na Arte, na Filosofia, ou em qualquer outra coisa, isso não entra em discussão, mas, no fundo, é a Deus que busca. O artista só se dedica à Arte — e o filósofo à Filosofia, aqui podemos colocar inúmeras outras atividades — porque se sente incompleto e frágil. Se o homem fosse completo, não haveria a necessidade da busca.

Sinto a necessidade de ressaltar algo que costumo dizer, e meus colegas de profissão sabem muito bem disso. Nem sempre quem vai ao consultório de um psicanalista — ou de qualquer outro profissional da saúde mental — sofre de algum transtorno psicológico. Psicoterapia não é coisa de gente maluca e, sim, de pessoas inteligentes. E, também, ser um pouco maluco (estar um pouco fora do que a sociedade entende como normal), não é um negócio tão ruim assim. A nossa saúde mental pode, inclusive, se beneficiar disso. Muitas pessoas buscam auxílio porque estão buscando a si mesmas, não estão se encaixando no mundo, e sentem a necessidade de alguém para ajudá-las a trilhar o caminho, a mergulhar em seu Inconsciente e encontrar-se.

O ser humano religioso — aquele que carrega uma fé em algo superior, em um Ser criador de todas as coisas, que tem como principal mandamento o amor — consegue sair com mais facilidade das patologias psíquicas que lhe acometem e das crises existenciais tão comuns aos seres humanos sensíveis. Com a religião, fica mais fácil enfrentar o tratamento, e a sua busca é feita com mais serenidade. Quando o mar está agitado e o marinheiro também, tudo fica mais difícil. O marinheiro deve ter calma e não se deixar confundir com o mar revolto. O ser humano consegue entender, quando mergulha em si mesmo e, inevitavelmente, encontra o Mistério, que a sua existência tem um propósito.

Como dizer que não podemos quebrar nossa alma a qualquer momento? O sofrimento faz parte da vida e ele, quando bem administrado — para isso é preciso reflexão —, faz com que o homem encontre seu sentido. Como dizer que não vamos sofrer? O mundo e as pessoas que nele habitam são cruéis. Algumas pessoas, mesmo sem querer, sãos cruéis conosco, nos fazem sofrer amargamente. Só sofremos por uma razão, e ela se mostra evidente: nós somos frágeis. Se fôssemos fortes, jamais sofreríamos, jamais abateríamos por coisa alguma. A própria finitude que nos abarca, desde o nosso nascimento, é uma prova da nossa fragilidade. Ser frágil, a meu ver, significa se afetar com os acontecimentos do mundo externo, e esse tem um enorme poder de fogo que afeta nosso mundo interno. É preciso fazer algo, é preciso reconhecer nossa fragilidade, só assim podemos lidar com ela.

Uma das faces da nossa fragilidade é, justamente, a morte, não necessariamente real, aquela que leva nossos corpos para debaixo da terra, mas aquela que acontece, a cada segundo, pois, a cada segundo, estamos perdendo alguma coisa ou pessoa. É por esse motivo, por nossa fraqueza, que, a meu ver, entramos no luto e na melancolia. No entanto só os fortes conseguem suportar a dor da perda.

Freud (2010) nos deixa claro, em seu artigo *Luto e Melancolia*, escrito em 1915 e publicado, pela primeira vez, em 1917, que o luto é uma reação, um sentimento diante da perda de uma pessoa amada ou de qualquer outra abstração que toma o seu lugar. Não há nada de patológico no luto, e perturbá-lo pode, inclusive, ser prejudicial à pessoa. O luto e a melancolia apresentam muitas coisas em comum: abatimento doloroso, perda completa do interesse pelo mundo exterior, perda da capacidade de amar. Porém existe algo novo na melancolia, que não encontramos no luto: a diminuição da autoestima.

Interessa-nos aqui, olhando pela vidraça da fragilidade humana, adentrar, um pouco mais fundo, no terreno da melancolia. Para o melancólico, tudo parece ter perdido o sentido, o mundo escurece, e a luz que existe no fim do túnel não é vislumbrada. Só existe a melancolia porque existe o amor, isso é um fato. Um amor que, aos meus olhos, prende o objeto, impedindo-o de voar, tirando-lhe a liberdade. Em meu livro, *Poemas Insones*, publicado em 2017, no último verso do poema 22, escrevo que amar é deixar o outro voar. É, justamente, isso que falta ao melancólico, um amor livre, que o permita se libertar do outro e deixá-lo partir.

Outra coisa importante a destacar acerca da melancolia é que o melancólico não pode discernir com clareza o que perdeu conscientemente. Em alguns casos, porém, o melancólico pode ter conhecimento do objeto que perdeu, no entanto não sabe o que exatamente perdeu nesse objeto (FREUD, 2010, p. 175).

Aqui está o sentimento de impotência, que anda, lado a lado, com a fragilidade humana. É essa impotência diante do que se perdeu que alaga o melancólico. Observo que o ser humano, quando tomado pela melancolia, sente-se impotente, pois inconscientemente sabe que nunca vai recuperar o objeto perdido. O trabalho a ser feito com o melancólico, em que essa fraqueza aparece mais nitidamente, é enfraquecer a nossa fragilidade natural. Não a destruir, pois, se ela é natural, como disse, é impossível seu aniquilamento. No entanto podemos estabilizá-la. Devemos ter consciência de que nós nunca vamos recuperar o objeto perdido e que, por esse motivo, devemos seguir adiante. Ninguém perde aquilo que é seu. Se um homem termina com sua namorada, por exemplo, é porque ele nunca a teve. O ter alguma coisa, em minha concepção, pressupõe o não poder ser destruído pelo tempo.

Essa simples constatação nos mostra a imensidão da nossa fragilidade, pois o tempo tudo consome, inclusive a nós mesmos, ao menos nossos corpos. Como nós, psicoterapeutas, podemos ajudar o melancólico? Primeiramente, devemos escutá-lo, entrar em sua história, como fazemos quando estamos lendo um romance. Devemos levar o paciente que padece de uma melancolia, com o intuito de, pelo menos, atenuá-la, a pensar com clareza acerca do objeto perdido, esse que, como já falamos, nunca foi seu, pois o tempo se encarregou de destruí-lo, de levá-lo embora. Devemos abrir a seguinte reflexão para o paciente: devo sofrer pelo que perdi ou devo assumir outra postura, mais impetuosa? A postura contrária ao sofrimento seria exatamente essa: não mais buscar o objeto perdido, chegar ao ponto de fazê-lo adormecer em seu inconsciente e seguir seu destino, acreditar que pode fazê-lo, que é livre, mesmo que duvide dessa liberdade.

Como já foi dito, uma das características da melancolia é a baixa autoestima. Podemos afirmar que o melancólico se sente culpado por ter perdido seu objeto amado. Se não fosse dessa maneira, sua autoestima não seria tão duramente afetada.

Freud (2010) nos diz que, quando prestamos atenção ao discurso de um melancólico, seja no consultório ou em qualquer outro lugar, uma coisa fica clara: suas autoacusações mais fortes não se adequam muito à sua própria pessoa. Na verdade, não é uma autoacusação. O paciente, com pequenas modificações, está acusando outra pessoa, uma pessoa que ele ama, amou ou deveria amar. Vamos ilustrar a situação com um exemplo clássico de Freud, presente em seu texto *Luto e Melancolia*: uma mulher lamenta que seu marido se encontra preso a ela, uma mulher que, em seu discurso, é incapaz. Na verdade, o que essa mulher está fazendo, na interpretação do pai da Psicanálise, é acusar o marido de sua incapacidade.

O paciente, ao fazer qualquer autoacusação, deve ser estimulado a tentar encontrá-la fora de si. Se ele tiver consciência do objeto perdido, por menor que ela se manifeste, a tarefa se mostrará mais fácil.

Conforme Freud (2010), primeiramente existe a escolha de objeto, a escolha da pessoa amada. Escolhido o objeto, a libido vai se ligar a ele. A pessoa amada pode provocar um abalo nessa relação de objeto, devido a uma real ofensa ou desilusão. Em uma situação normal, segundo a teoria psicanalítica, desenvolvida por Freud, a libido é retirada desse objeto e deslocada para um novo. Na melancolia, a libido não se desloca para outro objeto, ela é recuada para o Eu, em que acontece uma identificação do Eu com o objeto abandonado.

Esse parece ser o problema, a identificação do Eu com o objeto abandonado, que faz o melancólico, em uma relação de amor-ódio com esse, desferir golpes severos contra a sua pessoa, tanto em seu corpo como em sua alma, essa última entendida em seu sentido metafísico. A palavra "alma" pode ser aqui entendida como toda a nossa parte imaterial.

Como auxiliar o paciente na solução de tal questão? Não é difícil entender que o melancólico precisa "destruir" o objeto que o abandonou; mandá-lo para a camada mais profunda de seu Inconsciente, ou mandá-lo para fora de si, para um lugar onde não mais poderá ser acessado. Contudo essa, obviamente, não é uma destruição literal. É uma destruição pautada pelo desapego, esse último, sim, completamente ao pé da letra. Só quem desapega do objeto abandonado, perdoando-o, inclusive por algo que ele talvez nem tenha feito, é capaz de superar a melancolia.

O automartírio, característico na melancolia, é algo que devemos mencionar neste trabalho, pois causa enorme sofrimento tanto para o portador da patologia, que sofre de uma dor cruel e profunda, uma dor que, muitas vezes, o faz cogitar o suicídio, como para os seus familiares, que sofrem por não saberem o que fazer diante da situação.

Temos que compreender que o automartírio é amplamente prazeroso na melancolia. E isso faz total sentido quando percebemos que os indivíduos melancólicos voltam à satisfação de tendência sádicas e de ódio para a sua pessoa. Percebe-se, claramente, que a pessoa, com a autopunição, consegue se vingar dos objetos originais, real destino de todas as punições que se aplica, e se entregam à doença para não ter que mostrar diretamente sua hostilidade (FREUD, 2010, p. 184).

Olhando por esse ângulo podemos observar que o indivíduo acometido pela melancolia não consegue colocar para fora esse amor--ódio, especialmente o ódio, do objeto que um dia direcionou para ele toda a sua libido. Em terapia, com um melancólico, deve-se trabalhar esse ódio, fazê-lo vomitar de seu Inconsciente todo esse sentimento que o leva à autopunição. Acredito que o melancólico possa transferir toda essa autopunição em alguma manifestação artística, que pode ser incentivada pelo psicoterapeuta. Deixo aqui o exemplo da escrita. O melancólico pode jogar toda essa relação amor-ódio pelo objeto abandonado para um determinado personagem ou para um eu lírico de um poema. Dessa maneira, penso, que o melancólico adquire condições de investir sua libido em outros objetos, pode se libertar do objeto que, dia após dia, contribui para o seu sofrimento psíquico.

Há na melancolia uma intensa batalha. Inúmeras batalhas são travadas em torno do objeto abandonado. Há uma luta ferrenha entre o ódio e o amor. Um luta para desligar a libido do objeto, e o outro, por sua vez, para manter a posição da libido contra esse ataque. Todas essas batalhas acontecem no Inconsciente (FREUD, 2010, p. 191).

Não há como nos livrar da batalha em torno do objeto aban-donado, batalha essa que acontece no terreno do Inconsciente. Ela acontecerá durante a vida toda, a guerra acontecerá até o nosso último suspiro, pois o Inconsciente nada destrói.

Devemos ajudar o paciente a trazer essa batalha para a cons-ciência, e isso pode ser feito de diversas maneiras, sempre se ade-quando à vestimenta do paciente, sempre se adequando ao seu jeito de se vestir no mundo. Uma dessas maneiras é o pressuposto básico da Psicanálise: a fala. A fala, seja ela falada, pronunciando as palavras em voz alta, ou escrita, rabiscando palavras no papel, ou em um processador de texto. Quando falamos, deixamos as palavras serem jorradas do Inconsciente, e esse ato tem o poder de fogo abrasador de trazer a luta para a consciência, dito de outra maneira, trazer o jogo para jogar em casa. O amor que faz sofrer deve ser esquecido, e o ódio elevado até destruir o objeto abandonado. Um escritor, por exemplo, pode matar a mulher que o faz sofrer em um livro. Depois dessa morte simbólica, não é uma certeza, mas há uma possibilidade muito grande de o amor-ódio transformar-se em indiferença, e, isso é evidente, ninguém sofre por aquilo que lhe é indiferente.

Podemos observar duas possibilidades que colocam um fim à melancolia no sistema Inconsciente. A primeira possibilidade é a cessação da raiva, esse sentimento que o melancólico tinha pelo objeto abandonado esgotou-se. A segunda possibilidade tem a ver com o fato de o objeto abandonado não ter valor. Essas possibilidades para o fim da melancolia são ignoradas. Com o término da melancolia, o que pode acontecer? Aqui entra uma nova possibilidade: o Eu pode lucrar a satisfação de poder se ver como o melhor, passar a olhar o objeto com superioridade (FREUD, 2010, p. 193).

Falamos que, conforme Freud, muitas vezes, o melancólico sabe quem é o objeto abandonado, no entanto não faz a mínima ideia do que perdeu nesse objeto. E o sofrimento pode ser maior por não saber exatamente o que perdeu. Uma maneira simples de auxiliar o paciente nessa situação é mostrar para ele, sempre levando-o a indagar, que, se a pessoa o faz sofrer, ela não merece o seu sofrimento, e, se ele não sabe o que perdeu, provavelmente não tenha perdido nada. Nós só somos abraçados pelo sofrimento devido à nossa fragilidade, essa mais aflorada no melancólico.

O que o ser humano mais quer são certezas. Isso pode muito bem ser observado nas conversas que temos, seja no âmbito profissional, seja no âmbito pessoal. Ninguém tem o direito de duvidar. Nós não sabemos lidar com a dúvida do outro nem com as nossas, pois achamos que podem interferir em nossa fé. Muitas pessoas entram em crise existencial porque não suportam duvidar — nem que seja por um breve instante — do que acreditam.

A incerteza colabora muito para a nossa fragilidade diante do mundo e dos outros. Se eu sou praticamente um forasteiro para mim, o outro é um absoluto mistério. Somos escravos da sociedade e do que os outros pensam acerca de nós; uns mais, outros menos. Quem nunca se pegou pensando se estava desagradando alguém em determinada situação? Quanto menor for essa escravidão à sociedade e ao outro, maior será a nossa saúde psíquica.

A nossa incerteza está atrelada a todas as dificuldades da vida; inevitáveis, em grande parte. Ninguém nos disse que a vida seria fácil, e, se alguém disse isso para você, com certeza, era um charlatão. Sempre duvide de respostas prontas. Toda resposta é provisória, isto é, elas não são eternas. A vida só é difícil porque ela é incerta. E só é incerta porque, antes de tudo, é frágil. Será que o fato de a vida ser incerta é o que a faz ser bela? Como as coisas seriam fáceis se tivéssemos conosco o manto da certeza. Toda a beleza da vida está em não nos contentar com respostas acabadas. Esse, a meu ver, é o papel de uma Psicanálise: ajudar o paciente na construção de suas próprias respostas, essas, como eu acabei de dizer, sempre provisórias.

Para suportar a vida, nós não precisamos recorrer aos métodos paliativos, apresentados por Freud em *O Mal-estar na Civilização*. Contudo devo deixar aqui registrado que não há nada de errado em recorrer a eles. São até bastante úteis, em certa medida. Na contramão de Freud, penso que não precisamos recorrer às poderosas diversões, nem às gratificações substitutivas, muito menos às substâncias inebriantes, essas últimas podem causar sérios problemas ao indivíduo que a elas recorrem, como o vício. Podemos dispensar tais paliativos, pois, diante da vida, não podemos amenizar nada. A ideia aqui, a meu ver, não é atuar com um efeito paliativo diante das nossas misérias, não é amenizar o sofrimento, que, com toda certeza, se não for duramente combatido, voltará depois bem mais avassalador. O que proponho é bater de frente com todas as nossas frustrações, encará-las tal qual um soldado em campo de batalha. Será que o homem, frágil por constituição, pode enfrentar, de peito aberto, as tempestades que vieram para devastar a sua vida? Essa é uma pergunta importante. Sim, o ser humano é frágil, no entanto, ao olhar para o seu interior, pode encontrar uma força, uma força desconhecida, que ainda não havia tomado consciência. O homem é um ser ambivalente, como podemos observar na teoria freudiana, carrega, dentro de si, uma dualidade. Não seria de se espantar que, diante da mais absurda energia de fragilidade, nós não encontrássemos uma grande energia de coragem.

Onde podemos ter acesso a essa coragem? Como podemos fazê-la acordar? Parece-me evidente que é na fé, pois o corajoso é aquele que, diante de determinada situação desfavorável, tem fé, isto é, ele acredita que vai conseguir superar todas as dificuldades e as frustrações. O corajoso é aquele que teme, pois a coragem não pressupõe a ausência de medo; ele vai com os punhos cerrados e a mente tranquila em direção às tarefas insolúveis.

As pessoas da sociedade contemporânea, com a cabeça cheia de informações desorganizadas, com os sentimentos bagunçados, estão ficando, cada vez mais, perdidas. São imediatistas e, por esse motivo, sofrem, ou pela ansiedade e pela depressão, ou porque não conseguem encontrar logo o sentido de suas vidas. O perigoso disso é que algumas desistem.

Mas, como disse Frankl (2019), o sentido deve ser encontrado. Na vida, não se trata de uma atribuição de sentido, mas de um achado. O sentido deve ser encontrado, ele não pode ser inventado, não pode ser imaginado, pois antes deve ser descoberto.

A sociedade contemporânea, a meu ver, não encontra o sentido da vida (único para cada ser humano) porque vive com pressa, vive presa na fragilidade de sua ansiedade, no querer tudo para ontem. Afirmo que encontrar o sentido é um processo que não pode ser feito com os olhos vendados. Não é algo complexo encontrar o sentido de uma existência, mas temos de estar atentos. Ele pode ser encontrado nas menores coisas, nas tarefas que julgamos ser as mais simples. Precisamos descobrir o sentido da vida, mas, para que isso aconteça, devemos abrir os olhos e a alma.

Acrescentaria aqui que o sentido, além de ser encontrado, deve ser construído, paulatinamente, sem cair nas garras do imediatismo. Não é só o desejo (quando praticável, quando não traz danos para aquele que deseja e para os outros) que não deve ser reprimido, mas também o sentido. Temos que trazê-lo do Inconsciente.

Só é possível construir algo quando somos livres para pensar. Ouso dizer que pensar com liberdade é não ter medo de criar, não ter receio das críticas, que, de qualquer forma, virão. A vida é cruel, os homens não são bons. Isso é nítido quando vemos o que fazem uns com os outros. Isso me leva a pensar que, para não adoecermos diante desse mundo cinza, precisamos de uma arma para lutar, para nos manter de pé. Se o mundo é cinza, nossa alma (mente) deve se esforçar para ser azul, para ser leve. Sem essa arma, a qual eu dou o nome de sentido, a certeza da derrota existencial me parece clara.

Porém não há nenhum problema se alguém não acredita em um sentido final, um sentido que transcende o seu ser. Isso é questão de fé, e é algo bastante particular. Crentes e ateus, no final das contas, estão todos no mesmo barco. Nenhum ser humano escapa da fragilidade. Penso que esse não acreditar em algo superior não tem nada a ver com o fracasso de uma existência, pois um sentido, assim como pode ser encontrado, pode ser criado.

Aqui surge a pergunta: como criar o sentido da minha existência? Antes de qualquer coisa, ele precisa estar na consciência. Para trazê-lo para essa instância psíquica, devemos lutar contra a fragilidade. E essa guerra é difícil porque nós somos frágeis por inteiro. A batalha é árdua justamente por causa disso: o inimigo não é apenas a fragilidade mas também cada um de nós. Não podemos, nem almejamos, dar uma resposta fechada, mas, talvez, o sentido seja abafar constantemente nossa energia de fragilidade para que possamos ajudar os outros a trilharem o mesmo caminho.

REFERÊNCIAS

CAMUS, Albert. *O Homem Revoltado.* Tradução de Valerie Rumjanek. 2. ed. Rio de Janeiro: Record, 1996.

FRANKL, Viktor. *A Presença Ignorada de Deus.* Tradução de Walter O. Schlupp e Helga H. Reinhold. 21. ed. São Leopoldo: Sinodal: Petrópolis: Vozes, 2020.

FRANKL, Viktor. *Psicoterapia e Sentido da vida:* fundamentos da logoterapia e análise existencial. Tradução de Alípio Maia de Castro. 2. ed. São Paulo: Quadrante, 2019.

FREUD, Sigmund. *Introdução ao Narcisismo*: ensaios de metapsicologia e outros textos. Tradução de Paulo César de Souza. São Paulo: Companhia das Letras, 2010.

FREUD, Sigmund. *O Futuro de Uma Ilusão seguido de O Mal-estar na Cultura.* Tradução de Renato Zwick. Porto Alegre: L&PM, 2018.

GIACOIA JÚNIOR, Oswaldo. *Nietzsche.* São Paulo: Publifolha, 2000. (Folha explica).

JUNG, Carl Gustav. *Espiritualidade e Transcendência.* Seleção e edição de Brigitte Dorst. Tradução da introdução de Nélio Schneider. Petrópolis: Vozes, 2015.

MURAKAMI, Rose; CAMPOS, Claudinei José Gomes. Religião e Saúde Mental: desafio de integrar a religiosidade ao cuidado com o paciente. *Rev. bras. enferm.*, Brasília, v. 65, n. 2, mar./abr. 2012.

NIETZSCHE, Friedrich. *A Gaia Ciência*. Tradução de Jean Melville. São Paulo: Martin Claret, 2003.

NIETZSCHE, Friedrich. *Assim Falava Zaratustra*. Tradução de Eduardo Nunes Fonseca. São Paulo: Hemus, 1977.

NIETZSCHE, Friedrich. *Ecce Homo*: como alguém se torna o que é. Tradução de Paulo César de Souza. São Paulo: Companhia das Letras, 2008.

NIETZSCHE, Friedrich. *Genealogia da Moral*: uma polêmica. Tradução de Paulo César de Souza. São Paulo: Companhia das Letras, 2009.

NIETZSCHE, Friedrich. *O Anticristo*: ensaio de crítica ao cristianismo. Tradução de Antônio Carlos Braga. São Paulo: Lafonte, 2019.

PONDÉ, Luiz Felipe. *A Era do Ressentimento*. 2. ed. Globo Livros: São Paulo: Planeta, 2019.

PONDÉ, Luiz Felipe. *Filosofia Para Corajosos*. 1. ed. São Paulo: Planeta, 2016.

RIZZUTO, Ana-Maria. *O Nascimento do Deus Vivo*: um estudo psicanalítico. Tradução de Geraldo Korndörfer. São Leopoldo: Sinodal: EST, 2006.